理念与追求

——汉语国际教育实践探索集

张建成 ◎ 主编

LINIAN YU ZHUIQIU

——HANYU GUOJI JIAOYU SHIJIAN TANSUO JI

中国社会科学出版社

图书在版编目（CIP）数据

理念与追求：汉语国际教育实践探索集／张建成主编．—北京：
中国社会科学出版社，2015.3
ISBN 978-7-5161-6051-0

Ⅰ.①理… Ⅱ.①张… Ⅲ.①汉语-对外汉语教学-教学研究-
文集 Ⅳ.①H195-53

中国版本图书馆 CIP 数据核字（2015）第 079336 号

出 版 人	赵剑英
责任编辑	任 明
特约编辑	李晓丽
责任校对	张依婧
责任印制	何 艳

出 版	中国社会科学出版社
社 址	北京鼓楼西大街甲 158 号
邮 编	100720
网 址	http://www.csspw.cn
发 行 部	010-84083685
门 市 部	010-84029450
经 销	新华书店及其他书店

印刷装订	北京市兴怀印刷厂
版 次	2015 年 3 月第 1 版
印 次	2015 年 3 月第 1 次印刷

开 本	710×1000 1/16
印 张	11
插 页	2
字 数	198 千字
定 价	48.00 元

凡购买中国社会科学出版社图书，如有质量问题请与本社联系调换
电话：010-84083683

序　言

在今日世界，地球上的所有国家中，几乎没有哪个国家的国民不在关注中国，且随着中国影响力的不断增强，由中国和国外大学及教育机构合办的"孔子学院"和"孔子课堂"也几乎遍及全球各个角落。伴随着全球化和中国崛起，强大的汉语热正劲吹着世界各地。伴随着文化多元化和中国文化国际影响力的不断扩大，以汉语为载体的中国文化热，正在成为一种被各国专家学者追捧的"显学"，成为各国民众一种日趋追逐的"时尚"。

面对这种催人奋进的形势，各国对外汉语教育的形式和内容要求也随之不断提高，对从事对外汉语教育的师资力量的期望也越来越高。因此，对于我们来说，身上的压力越来越多，肩上的责任也越来越重。这种要求和压力，其实也是一种动力，对于汉语国际教育这门学科，我们所关注的学术研究就是要紧紧围绕教学的应用研究、教材编写和使用、教法改进和创新、经验评价规律探索和理论总结。这种要求和压力，其实也是一种责任，今天国际关系的发展趋势，世界文化的多元化，不同文明的对话，从一定角度看，汉语代表了中国文化的符号，汉语是中国文化和世界文化对话的桥梁，汉语国际教育就是对世界文化多元化的中国贡献。

习近平主席2014年出访法国应邀在联合国教科文组织发表演讲时，深刻全面地阐述了中国文化的博大精深和普世价值，特别是讲到了盛唐时代中国文化的强大，各国留学生云集长安，中华文化远播世界，指出每一种文明都延续着一个国民的精神血脉，亟须薪火相传，代代保护，更需与时俱进，勇于创新。

有幸的是，我们的大学恰恰坐落在陕西西安，这里是华夏文明摇篮，丝绸之路起点。中国传统文化得以在这里孕育，最早的对外汉语教育也是从这里开始。面对历史我们倍感骄傲自豪，面向未来我们满怀信心。在这个古风犹存的城市传承中国文化，在这个人文荟萃的校园里弘扬汉语国际教育传统，我们学院的老师们一直在努力，一直在探索。这本论文集里收录的就是我们国际汉学院的老师在这个园地里耕耘的收获。他们对中国文化的独特感悟，对汉语国际教育的教研习得，对中国各种经典文献的反思，对跨文化交流的路径探索，都会使我们的教学和研究能力不断得到提升。在和诸多前辈同行及学生分享的同时，也期待得到他们的指正和鞭策。

　　陕西师范大学已经走过了 70 年的风雨路程，国际汉学院 2015 年也将迎来十年辉煌。年轻的学院和年轻的学科，使我们可以充分沐浴陕西师范大学这棵大树给予的不竭营养，古都西安的文化底蕴每时每刻令我们底气十足。把汉语国际教育作为一种责任，把推广中国文化作为一种使命。特别是在中国文化日益走向世界的今天，我们一定要有一个新的视野，新的观念，新的境界，从文化自觉、文化反思，不断走向文化自信。通过我们的不懈努力，把我们的学院变成陕西乃至西北地区汉语国际教育的重镇，把我们的学院打造成具有国际影响的外国人留学最佳选择地之一。为西安国际化大都市建设，为陕西师范大学的教育国际化，作出我们最基础也是最有成效的贡献。

　　　　　　　　　　　　　　　　　　　　2015 年 1 月

目　录

文学文化研究

语言研究

汉语教学及习得研究

汉语国际教育实践研究

文学文化研究

关于中国文化走出去的若干思考

张建成[①]

【摘要】 与经济全球化客观进程一致的文化建设正成为各个国家主动予以重视的重点战略。因为文化建设事关国家软实力，代表着国家影响力，代表着该文化的价值体系在世界文化史上的地位，决定着该国未来的国际地位。中国是一个传统文化资源和底蕴非常深厚的国家。改革开放以来，特别是十八大以来，党和政府十分重视文化建设，着力打造社会主义文化强国的建设，发表了一系列富有指导意义的纲领性文件。中国文化建设的实践和中国文化的价值意义，使中国文化走出去已成为一个有重大理论意义和深刻现实意义的世界热点，其价值、宗旨、战略、路径、方法、品牌、影响等方面均值得认真探讨。本文将围绕这些问题进行相关反思，以期对中国文化走出去的战略选择有新启示。

【关键词】 中国文化 走出去 价值思考 路径选择

当前的世界正处于一个丰富多彩的变革时代，尤其是经济全球化的飞速发展，促进了各种思潮之间相互激荡，各种文化交流风采卓越，成为世界发展的新图景。各个国家都在着力进行与经济全球化进程一致的文化建设。文化建设事关国家软实力，代表着国家影响力，代表着该文化的价值体系在世界文化史上的地位，决定着这个国家未来的国际地位。

中国是一个传统文化资源和底蕴非常深厚的国家，改革开放以来，特别是进入新世纪以来，随着文化在综合国力竞争中的地位和作用越来越突出，国家对文化的重视程度日益提高。从 2002 年中共十六大到 2012 年中共十八

---

① 张建成（1958— ），男，山西临猗人，陕西师范大学国际汉学院院长、教授，国际政治理论专业、汉语国际教育专业研究生导师。

大，党中央相继提出建设社会主义文化强国目标和实施纲领，习近平同志在国内外相继发表了系列关于发扬中国传统文化、建设社会主义文化强国的重要讲话。党和政府如此重视文化建设，引起了国内外广泛关注和热议。外界对此普遍有不同凡响，加之近些年中国文化建设的实践，中国文化频频走出去的经验和举措使中外人士对此不断发问：一个文化上强大的中国对世界意味着什么？中国的文化价值对世界有何意义？各种不理解与主观猜想，各种舆论与行为阻力，各种自觉不自觉的认知滞后，都严重影响着中国文化发展，影响着中国文化走出去的理论和实践。总结其成功与不足，选择更充分的具有中国特色且被世界所接受的方法及路径，是一个十分重要的文化战略选择。

一 怎样自觉认识中国文化走出去的历史机遇

长期以来，由于片面性地认定传统文化是导致中国落后的重要原因之一，中国传统文化几度处于被打倒被忽略的地位。文化缺失造成的问题灾难至今难以消除。文化不强的劣势时常制约着政治经济的深入改革提高。今天的中国正深度融入世界，正成为世界第二大经济体和发展速度最快的国家，但中国文化的影响力与世界渴望了解中国文化的愿望远不适应，日益走向世界的经济贸易幅度与文化出口的碎片极不相配。中国走向世界的蓝图中，中国文化缺乏突出的亮点，历史和时代要求其必须与时俱进，对中国文化的价值重新定位，对中国文化及其意义有一个清醒的认识和准确地把握。从中国文化成就和国际视野对比中树立文化意识自觉，加大解放思想力度，增强文化自信，紧紧抓住中国文化走出去的机遇，落实十八大制定的文化强国战略目标，当前有利时机主要表现在如下方面：

西方主流文化陷入困境。近年来，以欧美为代表的西方文化强势状态，几乎成为世界文化的标准和文化发展的模式，进入 21 世纪以来，由金融危机引发的西方深刻的政治经济危机，暴露西方模式的落后和西方文化的没落。西方文化现今的混乱无力解决世界问题，西方文化的困境已经不能给世界未来指点迷津。历史发展到了这样一个转折点上，破旧立新的自然法则给了中国一个历史机遇，给予中国文化一个登台的机会，给了智慧的中国人民"为人类作出更大贡献"的机缘。

世界文化多样化的历史趋势。人类历史的发展本来丰富多彩，文化表现形式应该千姿百态。文化的多元化和经济全球化一样深刻影响着当今世界，成为当今世界一大趋势和最大亮点。面对世界的需要，中国文化应蓄势待发、顺应趋势、大胆走出，成为世界文化之网上牢靠的结点和中坚力量。中国文化的博大精深，中国文化的深邃包容，中国文化的吸引力，都敦促中国文化走出去。这是中国深入改革，更多融入世界的需要。这是成功摒弃历史虚无主义，增强文化自信的需要。

当今世界冲突需要文化解铃。世界上发生的各种战争行为和文化冲突，世界发展上的各种矛盾和危机，无一能摆脱其中深刻的文化因素。长期以来影响国际关系和国际秩序的西方文化，清楚地暴露出其深刻的逻辑混乱和方法片面。作为一个负责的大国，有理由让中国传统文化的智慧光芒，为消除当今各色各样的文化冲突作出贡献。同时，中国和平外交的影响力与日俱增。中国文化也成为我们营建良好的外部环境，塑造良好的国际形象的战略选择。

当今中国的产业结构需要调整。世界金融危机发生以来，全球经济运行模式以及世界经济发展前景都蒙上一层尘埃，这势必影响中国经济的平稳增长。探寻产业结构调整，调整经济增长点，成为深化改革中一个绕不过去的关口，中国文化产业发展、中国文化出口、中国文化与世界文化交汇的催化力量，都无疑为转变生产方式、培育新的经济增长点，提供了一个不竭的动力，提供了一个巨大的潜力无限的未来。

二　怎样认识中华文化价值的普世性意义

在全球各种文化的交流中，一种文化要引发别人关注，要有吸引力，这种文化必须要有内涵，要有价值，或者说是要有先进性，且它的价值内涵必须有符合时代特点的普遍性意义。推动中国文化走出去是促进各国文化互鉴、维护人类文明多样性的必然要求，也是在文化多样性和文化先进性之间的战略选择。伴随着中国改革开放的巨大成就，中国特色社会主义道路为中国在国际上赢得了尊重和掌声，中国道路及其中国文化的价值日益引起世人关注。众多国家在道路选择和制度实践过程中反思和对比，"中体"、"西体"孰优孰劣又轮回般地出现在许多面临转型国家前面。"发展是硬道理"的逻辑力量不仅仅是中国人的选择标准，同样也成为世界性话题。追求先进性成为世界各种文化发展的共同目标。

文化多样性并不等于文化先进性，强调文化先进性是相对的一种状态，关键是该文化是否符合社会未来的发展方向，是否具有强大生命力和明确的发展前途。现如今在多样性文化平台上，以欧美文化为代表的西方文化始终以强势状态出现，以霸主称雄自居，不断抛出谬论及观念，力图维护和续写西方文化曾有的辉煌。凭着对自身文化的盲目自信，利用其他文化出现的挫折和问题，轻易得出"历史终结论"，不遗余力地推行以自己的意识形态为特征的所谓普世价值。

习近平主席 2013 年以来，多次讲到中国传统文化的优秀成果对人类文明的贡献。论述了中国传统文化的独特魅力，尤其是中国文化价值观既显示了古老东方哲学的智慧，又揭示了中国文化哲学文化的终极意义。① 事实上，中国传统文化中讲仁爱，重民本，讲诚信，……尚和合，求大同等观念，为当今世界更多政治家所关注。特别是国家发展道路上"和而不同"的价值观，对于解决当今世界面临的战争与和平发展模式，对世界均有前瞻性、针对性极强的启示，也是中国回答各种质疑的不二答案。

英国哲学家罗素曾说："中国至高无上的伦理品德中的一些东西，现代社会极为需要。"② 习近平主席也总强调："中国改革开放的成功，中国特色社会主义道路取得的辉煌，也被证明是正确的，是有意义的。"③ 当然，弱势文化的崛起会受到强势文化的打压，会面临严峻的挑战，要赋予中国文化时代的鲜活生命力，必须主动进入追求先进文化发展的行列。如何在发展中使中国文化担当起代表"先进文化前进的方向"的重担，为中华民族在世界舞台上找到更加适合自己的位置，中国文化先进性建设任务会更加艰巨。从价值层面看，当代中国文化的发展基于中国当代价值追求与世界公认的价值追求的统一性，蕴含着加快自身发展与推动世界发展的双重价值目标。既造福中国人民，又造福世界人民。中国文化中的优秀价值对世界的普世性意义，还必须与世界上的各种文化在互动整合中锤炼，最终产生一些代表全人类共同追求的东西、普世性特征明显的文化要素，为人类文明的未来发展作出中国式的更大贡献。

三　怎样区别"文化输出"与"文化推广"的关系

任何一种文化发展都离不开与其他文化的互动交流，离不开对其他文化的借鉴吸收。但文化交流是一回事，文化输出是另一回事。前者是一种常态的客观进程，在历史和现实的对话中就会浩浩荡荡，被人称道。后者是一种特殊的战略选择，是有目的、有组织地去占领别人的文化市场，用自己的文

---

① 习近平：《在巴黎联合国教科文组织大会上的讲话》，《人民日报》2014 年 3 月 28 日。

② ［英］罗素：《中国问题》，秦悦译，学林出版社 1996 年版，第 15 页。

③ 习近平：《在中央政治局集体学习上的讲话》，《人民日报》2013 年 12 月 31 日。

化及其价值去达到其政治经济目的，用看似简单的手段去实现最核心的宗旨。

伴随着"中国威胁论"的各种版本不断出笼，许多国家把自己过去的"成功经验"嫁接到中国的头上，把中国描绘成为一个可怕的牛魔王，视中国的正常对外文化交流活动为"文化输出"，极力歪曲现实，肆意攻击中国。

从历史上看，中国虽然有五千年博大精深的文化，但中国人很少主动走出国门传播自己的文化。因为中国万事秉承"桃李不言，下自成蹊"的传统文化价值观。即任何美好的事物总能够自动吸引各方的关注，无须言语和外力推波助澜。从中国对外交往历史来看，文化传播从来不是中国对外交往的主要意图，中国文化之所以传到日本、朝鲜、越南等国，主要是这些国家的人主动学习的结果。中国文化之所以对西方文艺复兴，特别是启蒙运动产生一定影响，主要得益于西方传教士从中发挥"请进来"的传播作用。

鸦片战争不仅打破了中华民族的自豪感，也打破了原有的文化自信。中国人反省了自己的文化缺失，开始向西方学习，力求富国强兵。新中国成立之后，恰逢进入"冷战"时期，世界各国的文化交流基本上陷入意识形态的对抗之中。中国只能与苏联、东欧等意识形态相同的国家进行文化交流。中间经历了"文化大革命"十年浩劫，在极"左"思想影响下，传统文化受到前所未有的破坏，自身文化建设出现停滞，对外文化交流无从谈起。改革开放以后，中国文化产品屡次获奖，激发了国人将自己文化产品推向世界的热情。此后，"中国文化软实力"建设和内在动力使然，"文化走出去"的概念和理念不断提出并日臻完善。直到 2011 年，中共十七届六中全会通过的《中共中央关于深化文化体制改革，推动社会主义文化大发展大繁荣若干重大问题的决定》才最终明确将文化"走出去"作为一项国家战略来推动和落实。

从历史和现实来看，中国没有对外输出自己的模式的冲动，目前的中国也没有对外输出中国模式的能力。摆在中国人民面前最现实的是愿与各国交流发展经验，分享成功经验。习近平主席 2014 年在韩国首尔大学发表的演讲中说道："第一，中国将始终做一个维护世界和平的国家，第二，中国将始终做一个促进合作的国家，第三，中国将始终做一个虚心学习的国家。"①这三点核心内容实际上就是回答世界的关切甚至质疑，简明而深刻地阐述了

---

① 习近平：《在韩国首尔大学的演讲》，《光明日报》2014 年 7 月 5 日。

中国政府的文化理念，对中国新时期的国家形象做了清晰的定位，中国文化对中国与世界的关系不言而喻。

四　怎样使中国文化价值与现代文化需求相结合

一种文化要有吸引力和感召力，必须注重传统文化与现代文化相结合，注重文化的民族性与时代性有机结合。把继承传统优秀文化又弘扬时代精神，立足本国而又面向世界的当代中国文化创新成果传播出去，是中国文化走出去的迫切问题。

文化承载着一个国家的精神价值，让外国公众在了解中国文化之时，又能感知当代中国的活力，进而理解中国文化的理念和价值存在。因此要大力传播当代中国价值理念。当代中国的价值观代表了中国思想文化的前进方向，是中国特色社会主义道路的价值表达和符号标识。要把当代中国文化的价值观贯穿于对外交流的方方面面。提高当代中国文化及其价值观念在国际上的知晓度和认同度。

在日常的对外交流中存在着许多误区，中国文化符号就是水饺、剪纸、舞狮、功夫。中国文化介绍就是秀美山川、丰美饮食、酒茶文化、民俗风情，等等。其实，当代的中国是个什么样的国家？当代中国人在想什么、做什么？当代中国人国际观是什么？当代的中国与我自己的国家合作的前景是什么？这些都是今天外国人对中国的观察角度。中国对此真实的回答，才会引发人们的兴趣和思考，否则传统文化符号就会流于表面化、形式化。其中的价值内涵得不到弘扬和实践。对此，习近平主席说："不要光是传统的东西，要把库里的东西活起来，梳理传统文化资源，让收藏在禁宫里的文物，陈列在广阔大地上的遗产，书写在古籍里的文字都活起来。"①

为此，提高中国文化的现代化表达，用现代化手法表现中国文化，云时代、大数据、新媒体、3D技术都可以整合起来，组装成中国文化多姿多彩的现代版，从内容上突出中国文化的深刻价值。从形式上增强中国文化的吸引力和感召力，从逻辑层面解读中国文化的思想性，从时代层面让中国文化与国外公众没有距离感，这是最为关键的文化创新能力问题。历史上许多大国能够崛起并且扩大了国家的影响和作用，大都与该国拥有的知识创新、制度创新、技术创新等诸多方面的文化创新能力密切相关。近代以来，中国文化的原创能力的弱化使中华文明在世界上影响力大为下降，现实的文化优势

---

① 习近平：《在中央政治局集体学习会议上的讲话》，《光明日报》2013年12月31日。

薄弱，在影响世界文化潮流、影响人类思想观念变革和价值选择上，促进人类社会制度的变革创新等方面，我们文化所具有的社会价值整合不时面临现实的各种挑战，中国文化的与时俱进任务比以往任何时候都显得尤为迫切。

五　怎样用外国公众可接受的方式讲中国故事

中国文化固然很精彩，但用什么方法、选用什么样的路径来传播中国文化，让外国受众听懂中国故事，既是一个战略规划问题，也是一个看似简单实则不易的实践问题。涉及传播学、心理学、社会学、民俗学、历史学和美学等学科，是个系统工程，需要各学科相互融合综合发力，特别是在大众传播、群体传播、人际传播方面有所综合，有所创新，以达到"以文促情，以文建信，以文通心，以文化人"的传播目的，促使中国文化成为不可比拟的"软实力"。

要尽量注意避免"硬传播"。理论要说服人，必须打动人，文化要吸引人，必须要有感染力。我们现在不缺技术手段，但缺少既能走出去，又能"走进去"的方法，特别是相应的观念意识仍停留在传统的认识思维上，缺乏对外边世界的了解，满足于轰轰烈烈，热热闹闹，形式简单，效果甚微，尤其是在国内习以为常的"灌输"或者是"硬输出"的方法，往往会引起受众反感。国内许多媒体上有关专家在这方面的激进观点，已经引起外国媒体敏感甚至反作用，令人担忧不安。

要确定重点传播区域。不同国家的文化及生活方式不同，与中国的双边关系不同，中国外交影响力也会不同。因此在讲文化走出去战略之时，要因国制宜，区别对待，寻找真空或薄弱环节，甚至与强势文化的交叉地带，扬己之长，克己之短，力求务实而有实效。针对目前中国对外关系格局，有针对性地确定"重点区域"：如"富邻友邻"的战略，在"亲、诚、惠、荣"的理念下，与周边国家开展更加广泛的交流，深化中国文化在该地区国家的影响，共襄亚洲振兴繁荣。要加大在中东及非洲地区的传播力度，寻求巩固双边共同发展话题。目前尤其是要依托"丝绸之路经济带"建设的历史机遇，弘扬与中亚国家之传统友谊，让中国文化更加深入丝路沿线国家。

要充分利用海外华人的独特资源。在众多传播领域，人际传播是最传统却是最有效的传播方式。中国在海外共有8000万华人华侨，有数十万各类来华留学生的"中国校友"，他们对中国的感情，对中国的认知，对中国文化的魅力，对中国人民的了解，胜过一切传播方式。要采取一切方法，鼓励激励海外华人华侨在中国文化走出去过程中发挥"自己人"的天然优势，帮助把中国文化落地生根。要加强与海外"中国校友"的联系，特别是目前在许多亚非国家中，许多来华留学生都先后登上该国各级政治舞台，双边关系将会不断发生利我变化，中国文化"走进去"也面临最佳时机。

要创新话语表达方式。对外讲好中国故事，是一件创新性的工作。所运用的话语及表达方式，能否有创造力、感召力、公信力，能否用本土化叙事特点展现中国文化内核，是一个极具挑战性的工作。要尽可能减少"文化折扣"现象，注重投入与产出效果的研究。要充分利用文艺作用及媒体力量，运用现代元素和时尚元素，运用外国年轻人喜闻乐见的方式，有的放矢地进行文化传播。特别要指出的是，中国文化接受者的人群划分中，应抓住年轻人的特点和心理，中国文化传播是个历史过程，年轻人就是未来，抓住他们，就是抓住可依靠的未来。

六 怎样看待并借鉴西方文化的传播方式

回顾各个国家的文化交流和对外传播之路，都是具有自己的文化特点和传播特色，没有统一或唯一的公式可资照搬。但是许多国家的成功做法很有特点，尤其是美国在自己的文化战略方面的许多方式方法，虽然从政治层面充满了霸权色彩，但文化传播的隐蔽方法及其效果还无他国超越，就算是反面教材也会给我们提供许多借鉴。美国学者汉斯·摩根索曾经直言不讳地说："文化帝国的东西，是最巧妙的，并且它能单独取得成功，也是最成功的帝国文化政策。它的目的，不是征服国土，也不是控制经济生活，而是征服和控制人心，以此为手段而改变两国的强权关系。"① 这对我们理解西方文化传播及其目的具有警示作用。

针对西方国际文化入侵手段，我国学者颜建国先生极具形象地比喻为"三昧一体"手法，即"视、听、味"三大方面。② 视觉文化：主要利用影视、动漫、纸媒、图书、服装、建筑等；听觉文化：主要是音乐、语言、歌曲等；味觉文化：主要是饮料、酒、菜、咖啡等，并认为苏联之所以解体，就是苏联与西方斗争中输在了"视、听、味"三个方面，为此，他总结说，人类行为来自视觉，欲控制地球，先控制眼球。事实上，经济发达国家可以采取各种手段，实现其文化形式较快发展，在更加广阔的范围内取得更大的影响力，进而对其他文化产生或强或弱的引导或者控制作用。一些掌握了优

① ［美］汉斯·摩根索：《国际纵横策略》，卢明华译，上海译文出版社1995年版，第90页。
② 颜建国：《解析西方国家对外颠覆模式》，《中国社会科学报》2013年12月16日。

势地位的文化形式，促使其国家运用自己在国际交往中拥有的经济和政治优势地位，有意识地进行文化输出和强制，必然使他们所代表的文化形态具有更加持久的影响力。美国前商务部官员戴维·罗特科普夫在谈到美国文化利用互联网实现其传播和交流的意义时就明确地说："对美国来说，信息时代对外政策一个主要目标必须是在世界的信息传播中取得胜利，就像英国一度在海上处于支配地位一样支配电波。"①

有人曾经形象地说，占领一个男人的心首先要占领他的胃。当今世界，可口可乐、麦当劳、肯德基、香烟、红酒、咖啡等，正风靡全世界，这实际上是一种味觉战争，不但给西方国家源源不断赚取巨额外汇，而且控制消费者一生。"星巴克"所代表的味觉特征，米老鼠和唐老鸭所代表的"迪士尼文化"，美国大片所代表的"好莱坞文化"，都是美国特色文化"输出"到全世界的典型例子。通过各种传播形式，反复重复，并列重复，使消费者的心理渐渐发生改变，达到心理认同，最后达到文化认同。

另外，利用外国本土文化，用别人的瓶子装自己的酒，也是西方文化传播的一大特点。美国好莱坞拍摄的《花木兰》，利用中国人家喻户晓的故事，弘扬了美国的价值观。《功夫熊猫》更是把一个中国符号变成了美国化使者，在中国青年学生和少年儿童看得津津有味之时，美国文化正慢慢包围了当今中国众多崇尚美国生活方式的未来一代，再加上西方文化在更广泛的文化交流层面，利用教育、学术研究资助，NGO 资助的奖助学金，海外夏令营等形式，都将会在受众身上发生从量到质的变化。文化战斗的胜利者往往取决于文化的优势及其转化优势的方法，这是今天中国文化建设与对外传播需要警惕和反思的问题之一。

七　怎样让我们的文化产业成为文化走出去的强大先锋

为使中国文化不断走向广阔的世界，除了要传播中国文化的价值体系和内在精神外，还取决于国家的文化产品及其在世界市场上的占有率，借助文化产品输出突破文化交流上的种种制约，依靠文化产品走出去，同样发挥着影响观念、改变心理、连接地气、不战而胜的"软实力"作用。这方面除了美国等西方国家大量的成功范例外，韩国也有可资借鉴的地方。韩国不仅设立了文化产业振兴院，还制定了《文化产业振兴基本法》，并立竿见影地取得

① David Rothkopf, "In Praiso of cultural Inperrialism", Foreign Policy, No. 107, summer, 1997, p. 39.

成效。《大长今》为代表的韩剧韩服，三星电子代表的动漫游戏，就是其中突出的代表，韩国意识到自己本土市场有限，于是大力开拓海外市场，中国和美国都成其重点输出方向。《大长今》逆袭中国十几年后，《江南 style》逆袭美国，红遍全球，韩流汹涌，鸟叔都成了韩国总统夸赞的民族英雄。

中国目前还没有真正把文化产业当成一个国家战略，更多强调的是一个经济增长点，一个口号，一条标语，政策措施、经济支持不到位。在经济市场化以及文化的世俗化和商业化这一大的历史背景下，中国原有的文化制度面临着需要进行不断地与时俱进的发展转型以适应时代变革的需要，否则成功的文化产业不能升级换代，文化产品的内在价值空间就显薄弱。以中国电影走出去为例，存在着两大问题：一是崇洋媚外，讨好西方，为了所谓合资或是贴上个洋标签，不惜宣传中国文化中的丑恶一面，不惜放弃中国的传统习俗；另一方面是贪财逐利，不择手段，迎合投资，迎合观众。电影界热衷于"走出去"的动力主要是冲着所谓"国际大奖"，电影明星为了"走出去"，宁肯没有台词，宁肯放弃底线，转身成了国际巨星，更好地占领中国市场，换取中国观众的钱财。国内许多文化团体都蜂拥去维也纳金色大厅演出，成为出国"镀金"典型，实则全为沽名钓誉，自娱自乐，代表不了真正的文化，这种文化走出去的价值及意义确实值得反思。

中共十七届六中全会提出的到 2020 年中国文化改革发展六大目标中指出："文化产业在国民经济中的比重有待提升，因为美国的文化产业占到整个 GDP 的 25%，日本达到 20%，而中国仅为 2.5%。"中国文化产品的世界竞争力进一步提高，根据中国软实力研发中心等机构联合发布的《文化软实力蓝皮书：中国文化软实力研究报告（2010）》介绍，在世界文化市场上，美国独占 43% 的比例，欧盟占 34%，而中国不足 4%。[①] 当然，文化产品的走出去，必须软硬件立体作战，要借助经济实力和国力，传统优势产业和文化应该结成一个共同体，建立长期稳定的产业链、产业群。在这方面美国迪士尼就是一个成功的例子，不是一个简单的动漫产业群，而是有价值符号来统筹，美国精神、美国文化浸透其中，数以亿计的爱好者在感官欢乐之时，谁又会怀疑其中的文化影响力呢？

八 怎样发挥孔子学院的品牌效应

截至目前，中国文化走出去的最大成果是孔子学院及孔子课堂的建立，

---

① 黄华光、栾建章：《中国梦与世界》，外文出版社 2013 年版，第 163 页。

以及孔子学院为中国软实力提升所做的诸多工作。从 2004 年 11 月全球第一所孔子学院在韩国开办至今，孔子学院在全球已有 475 个，孔子课堂 851 个，今年又恰逢孔子学院成立十周年，十年历程，十年辉煌，十年反思，十年总结。孔子学院的办院宗旨落实如何，孔子学院的投入与产出成效如何，孔子学院面临的困境又有哪些，孔子学院下一个十年如何迈步？

第一，孔子学院的起步源于中国文化走出去的战略需要，是中国增强综合国力的强力举措。但是孔子学院的政府主导意味太浓，片面追求数量，投入太大，而办学成效屡屡受到中外媒体怀疑。第二，是在数量攀升突出外，双方交流数量质量跟不上，外方不太适应这种节奏，导致双方交流不对等，更造成众多的孔院有名无实，管理无序。第三，孔子学院之名是借鉴了德国的歌德学院、西班牙的塞万提斯学院、法国的法语联盟之名应运而生，寄希望于世界文化圣人、中国最大的文化遗产孔子学说，来成为中国名片，成为中国文化符号，但缺乏对上述外国办学机构政策和战略的研究。第四，孔子学院大多以传播语言为主，且大多都没有融入当地的教育体系，中国文化以及当代中国文化价值传播力度不够，方法单一，且受到台湾当局举办的"台湾书院"办学模式强有力挑战。第五，缺乏重点建设为主、兼顾全球的战略性谋篇布局，仅美国一国就有近百所，表面上是占领了西方文化的中心地带，实质上所有在美国的孔子学院最缺乏特色，有明显的"硬输出"色彩，反映了对西方发达国家另一种不自信的表现。

面临新形势下的新任务，孔子学院的建设必须认真反思，应该解决由量到质的本质转变，应该结合"新汉语推广计划"，在教育模式、合作方式、教学手段、核心价值推广方面有所创新。另外，针对世界上不同国家的政治文化传统，有些国家不太接受孔子学院这一提法，应该适时多办一些"中国文化中心"。还有许多学者提出，应该办一些"毛泽东学院"，因为毛泽东思想在今天世界一些地方仍有其不可替代的价值。2011 年美国爆发"占领华尔街运动"，许多人高举毛泽东画像。在亚洲和非洲的许多国家和地区，毛泽东思想的影响力很大，其感召力、公信力甚至超过了孔子的学说，这些观点不失为一种对中国文化如何更有效地走出去路径的认真探索。

九　怎样加强中国文化传播者自身建设

中国文化要顺畅地走出去，除了强大的综合国力和中国文化的吸引力外，很主要的一个因素是传播媒体和传播者个人的自身建设，因为再好的东西缺乏优秀的人来推广宣传，它的价值就无从显现，甚至可能被打上"文化折扣"。文化的传播尤其如此。传播者的观念认知、综合素质、方式方法、全球视野等，决定着文化走出去，特别是"走出去"的水平和成效。

第一，培养人人都是中国文化传播者主体的自觉意识。习近平主席认为，建设社会主义文化强国有内外两个方面，"夯实国内文化建设根基，从每一个人抓起"，"让13亿的每一分子都成为传播中华美德及中华文化的主体"。① 我们常说爱国主义是具体的，出了国你就代表中国，你对中国文化的态度一定程度决定了别人对你的态度，每个人既是文化消费者，同时也是文化生产者，你身上的文化素质、文化行为都与中国连在一起，你的形象也与中国形象连在一起。从每个人做起，从现在做起，中国文化走出去的火炬就永远不熄灭。

第二，树立对中国文化强烈的热爱和自信。要培养一大批热爱中国优秀传统文化的文化人，深刻理解社会主义核心价值观，坚持马克思主义的基本立场，坚持社会主义道德观，熟悉中国历史文化，深谙中国文化精髓，对中国文化有强烈的自觉意识和突出的自信品格，能够摒弃历史虚无主义和狭隘民族主义，愿为弘扬中国文化奉献力量，成为中国文化走出去大军中的脊梁。

第三，培养大批掌握传播技能的专门人才。面对中国文化走出去的机遇和挑战，面对大数据与新媒体的时代要求，有目的有计划地培养既热爱中国文化，又熟悉现代传播方式的专门人才，尤其是对他们进行有针对性的跨文化交际培训，从科学的角度、心理学角度、个人综合素质角度，进行国际文化知识、国际理解课程、国际交往礼仪、国际文化素养的教育和培训。

第四，改变汉语教师和汉语志愿者选拔方式。要克服只会讲外语的片面性，要避免选拔中的以分数取人的简单化倾向。汉语教师和汉语志愿者身处传播中国文化第一线，面临不同文化、不同受众的压力和选择，一定要综合全面，学识雄厚，意志坚定，多才多艺，以己之力充分展示中国人的精神风貌和文化传播者的文化自信。与此同时，也要为他们创造良好的工作条件和就业优惠条件，让他们在具有对中国文化虔诚信仰面前，愿意为这个文化使者的神圣事业贡献更多力量。

---

① 习近平：《在中央政治局集体学习会议上的讲话》，《光明日报》2013 年 12 月 31 日。

基于当下大陆语域的跨文化交际
实现的可能与界限

【摘要】本文较为全面地梳理了当下大陆语域中关于跨文化交际的主要观念，阐述了其话语及言说完全是在全球现代性场域中产生的；中国大陆作为跨文化交际的主体，形成了自身的交际策略，按照这种策略并运用阐释人类学的方法，一般意义上的跨文化交际在表面或理解层面上或许有实现的可能；然而，若在大陆语域的跨文化交际话语的文化内涵中，淡化了以终极道德为中枢的价值理性和据此建构的机制，那么，以大陆为主体的真正的跨文化交际的实现只能面临一条较难逾越的界限；不过，由于大陆个体的跨文化交际策略具有一定程度的灵活性与超越性，因而有实现完全交际的可能。

当下的中国大陆，随着经济实力的增强、"复兴"意识的提升和全球一体化进程的加速，对争取国际话语权产生了较为普遍的诉求。换言之，克服"冷战"后国际话语权逐渐旁落②的软肋，进军全球话语制高点，再度掌握一定的"话语权"，已经成为体制内较高级别的组织管理者和各门类学术精英们较为普遍的共识。而各类话语是否公正、合理，几乎都能在文化话语中找到一定程度的依据，同时，全方位和高效的沟通亦成为能否达到上述目的

---

① 宋林生（1959— ），男，陕西西安人，戏剧戏曲学博士。陕西师范大学国际汉学院副教授，主要研究方向为文艺学、戏剧影视理论与批评、对外汉语教学。

② 曾几何时，"国家要独立，民族要解放，人民要革命"与"和平共处五项原则"等一系列话语言说，曾以其道德正义性占据了全球话语的制高点，不仅在广大第三世界（包括殖民地）国家产生了广泛的共鸣，而且得到了西方左翼知识分子较为普遍的认同。而今，时过境迁，以往的一切仿佛已成为明日黄花。

的关键之一。因此，在中国大陆多元或多层次话语的文化语域中，跨文化交际由于时代要求的迫切性日益彰显。

一　当下大陆语域中关于跨文化交际的主要观念

所谓"跨文化交际"，作为一个学术概念，一般认为是由美国人类学家霍尔（Edward·T. Hall）在其 1959 年出版的《无声的语言》一书中首先提出的①。此后，伴随着 1970 年国际传播学会跨文化交际学分会的正式成立和 1974 年《国际与跨文化交际学年刊》的创刊，形成了一门独立的边缘学科——"跨文化交际学"。它被认为是专门研究具有不同文化背景的人（们），在沟通、交往等互动过程中产生的障碍、问题以及如何解决的学科。

20 世纪 80 年代初，借助于真理标准大讨论和改革开放的春风，跨文化交际学被外语教学界引入中国大陆，并在较长的时期内以外语和对外汉语教学中的文化差异与语言和文化的关系为研究重点。目前，在中国大陆语域内，关于跨文化交际的定义及其研究的范畴主要形成了如下几种观念：（1）立足于语言界定跨文化交际，认为语言的语音、词汇等特征蕴含着丰富的文化信息，全球许多国家和民族，各自均构成有别于他者的语言文化群体，不同群体成员间的对话、交往，形成了不同文化间的交际，即所谓的"跨文化交际"②。（2）从传播学视角界定跨文化交际，把 intercultural communication 译为"跨文化交流学"，认为其是传播学的延伸和扩展，把文化背景相异的个人、组织、国家进行信息交流的现象，作为主要研究对象；而为其研究和实践提供有价值的指导或借鉴的，则是人类文化学和传播学的基本理论。③（3）基于语言符号学界定交际和跨文化交际，认为"跨文化交际是指不同文化背景的人们（信息发出者和信息接受者）之间的交际；从心理学的角度讲，信息的编、译码是由来自不同文化背景的人所进行的交际就是跨文化交际"④。（4）指出跨文化交际即"本族语者与非本族语者之间的交际，也指任何在语言和文化背景方面有差异的人

① 关于此，也有不同的看法，即 20 世纪六七十年代之交，由美国社会语言学家海姆斯（Hymes）提出来的。参阅马伟《论跨文化交际中的中西方文化冲突》，《青海社会科学》2012 年第 2 期。

② 王宗炎：《不同文化之间的交际——René Dirvon 和 Martin Pütz 的〈文化间交际〉述评》，《国外语言学》1994 年第 4 期。

③ 关世杰：《谈传播学的分支——跨文化交流学》，《新闻与传播研究》1996 年第 1 期。

④ 贾玉新：《跨文化交际学》，上海外语教育出版社 1997 年版，第 23 页。

们之间的交往。跨文化交际可以是国家之间、民族之间、个人之间的交际活动，内容涉及政策、政治观点、价值观、风俗习惯、礼貌、称谓等方面"。① 迄今为止，在大陆跨文化交际语域，这一定义和对研究范畴的概括，得到了较高程度的认同。

二　在现代性场域中基于大陆语域的跨文化交际实现的可能

上述关于大陆语域的跨文化交际话语，无论怎样言说，都不能回避这样一个基本史实：中国在"进入近代世界史以及遵循全球经济逻辑的被迫性，是我们永远的伤痛"。② 这种"被迫性"和依附性③不仅是我们过去无法改变的历史，即便是到了 21 世纪的今天，也仍未根本改观，因此，目前立足于大陆语域的跨文化言说完全是在现代性场域中进行的。

尽管对现代性的界说众说纷纭，但大致可分为三个维度，一是时间维度，二是体制和信仰维度，三是话语维度。从时间维度来看，一般认为作为一个历史分期或阶段，现代性一般是指西方 14—16 世纪的文艺复兴、16 世纪的宗教改革和 18 世纪的启蒙运动为标志的"紧随'中世纪'或封建主义时代而来的那个时代"④。

从体制和信仰维度来考察，在上述时代中，"各种近代模式伴随着中世纪的世界观及其社会制度的解体而诞生了。欧洲文明的这种急剧变化体现在社会的各个方面。在经济方面，商业和工业有了很大的发展，并且资本主义在相当大的程度上取代了封建的经济组织形式。在政治方面，中央政府随着对封建主义的打击而变得更加强大。在宗教方面，基督教的一体化因新教的崛起而开始瓦解。在社会方面，城市、乡村中的富人人数在增加，力量在加强，他们正在政治和文化生活中发挥着日益重要的作用。教士丧失了对知识的垄断权。文学、艺术中中世纪那种今世修行为来世的观念让位给世俗观念。神学在中世纪是知识之王，但现在却把王冠让给了科学。在中世纪一直

---

①　胡文仲：《跨文化交际学概论》，外语教学与研究出版社 1999 年版，第 56 页。

②　毕会成：《国史分期的困境与世界史》，《读书》2010 年第 3 期。

③　关于此，可以从依附理论中获得更明确的阐释，该理论由阿根廷学者劳尔·普雷维什（Raul Prebisch）于 20 世纪 60—70 年代首先提出。这种理论认为广大发展中国家与发达国家之间是一种依附关系，前者往往是后者的剥削对象。在全球经济领域，存在着一种中心—边缘等级。全球经济的中心——发达资本主义国家，全球经济的边缘——发展中国家，后者受前者的剥削与控制。这一理论是新马克思主义的一个重要理论流派之一。

④　［美］道格拉斯·凯尔纳、斯蒂文·贝斯特：《后现代理论》，张志斌译，中央编译出版社 2001 年版，第 2—3 页。

屈服于神灵启示的理性也获得了独立"①。而以工具理性和价值理性为思想基础，在启蒙主义原则上逐步确立的社会制度模式和西方社会工业革命以来不断追求现代化的进程，诸如三权分立、自由、民主选举制度原则，和工业化、城市化、市民社会、世俗化、民族国家、民族主义以及殖民主义等一系列社会历史发展进程，均可视为现代性的重要指标。

从话语维度来观察，西方现代性又体现为一种涵盖观念意识或意识形态的话语，它显得相对复杂甚至矛盾。一方面，黑格尔（Georg Wilhelm Friedrich Hegel）依据"主体性原则"指出现代性及其"文化形态"是由以"自由"、"反思"为核心的"个人（个体）主义"、"批判的权利"、"行为自由"和"哲学把握自我意识的理念"等因素组成的②。而这种主体性原则又来自康德（Immanuel Kant）——也就是"唯基于人的主体性才有可能的康德的先验思想"，它摆脱了创世观念，"神学上所构想的创世秩序为世界理性（Weltvernunft）对一切对象的可计划性所取代"。③ 其精髓是它以人为出发点的批判精神，即"通过我们自身的历史本体论，对我们之所说、所思、所做进行批判"④。另一方面，正像卡林内斯库（Matei Calinescu）所指出的："在十九世纪前半期的某个时刻，在作为西方文明史一个阶段的现代性同作为美学概念的现代性之间发生了无法弥合的分裂（作为文明史阶段的现代性是科学技术进步、工业革命和资本主义带来的全面经济社会变化的产物）。从此以后，两种现代性之间一直充满不可化解的敌意，但在他们欲置对方于死地的狂热中，未尝不容许甚至是激发了种种相互影响。"⑤ 因而，"现代性的概念既包含对过去的激进批判，也包含对变化和未来价值的无限推崇"⑥。正是这种相对复杂、充满张力并蕴含批判性态度的现代性话语使西方现代性变动不居，一定程度上甚至可以这样认为，后现代性也是在这种

---

① ［美］马文·佩里：《西方文明史》（上卷），胡万里等译，商务印书馆1993年版，第369页。

② ［德］于尔根·哈贝马斯：《现代性的哲学话语》，曹卫东等译，译林出版社2004年版，第20—21页。

③ ［德］海德格尔：《海德格尔选集》（上），孙周兴译，三联书店1996年版，第216—217页。

④ ［法］米歇尔·福柯：《何为启蒙》，顾嘉琛译，见杜小真主编《福柯集》，上海远东出版社1998年版，第539页。

⑤ ［美］马泰·卡林内斯库：《现代性的五副面孔》，顾爱彬、李瑞华译，商务印书馆2002年版，第47—48页。

⑥ 同上书，第103页。

话语的基础上产生的。

显然，不仅跨文化交际理论或话语，而且交际的主体和客体（或主体间性）的重要组成部分——"主体性原则"意义上的个体、民族、国家，均为现代性的产物，因而全球性的跨文化交际均处于现代性场域中，中国大陆也概莫能外。

既然中国大陆跨文化交际话语也处于全球现代性场域之中，那么认同或采用一种在现代性场域中较为普遍接受的文化观念或定义，则是题中应有之意。尽管在全球性现代性场域中关于文化的观念或定义也是众语喧哗，然而英国著名人类学家爱德华·伯内特·泰勒（Edward Burnett Tylor）的观念或定义则广为人知，并较为普遍地被接受，他认为："文化或者文明就是由作为社会成员的人所获得的、包括知识、信念、艺术、道德法则、法律、风俗以及其他能力和习惯的复杂整体（着重号为笔者所加）。就对其可以作一般原理的研究的意义上说，在不同社会中的文化条件是一个适于对人类思想和活动法则进行研究的主题。"① 据此，上述第四种即胡文仲先生的关于跨文化交际的定义和研究范畴的概括，在大陆跨文化交际语域得到了较高程度的认同，是完全可以理解并有其合理性依据的。

在此基础上，倘若依据解释学人类学家克利福德·格尔茨（Clifford Geertz）的理论，将文化视为文本，以其"深描说"中的"理解他人的理解"——"追求被研究者的观念世界、观察者自身的观念世界以及观察者'告知'的对象——读者——的观念世界三者间的沟通"② ——为宗旨，那么一般意义上的基于大陆语域的跨文化交际在表面上或理解层面上③也许有实现的可能。这里，又遇到何谓理解的问题，关于此，哈贝马斯（Jürgen Habermas）是这样认为的，"理解这个词是含混不清的，它最狭窄的意义是表示两个主体以同样方式理解一个语言学表达；而最宽泛的意义则是表示在与彼此认可的规范性背景相关的话语的正确性上，两个主体之间存在着某种协调；此外还表示两个交往过程的参与者能对世界上的某种东西达成理解，并且彼此能使自己的意向为对方所理解"④。由此可见，作为大陆语域中的跨文化交际主体之组织、民族、国家，即便不能完全与其他交际对象达到

①　[美] 马文·哈里斯：《文化·人·自然——普通人类学导引》，顾建光、高云霞译，浙江人民出版社 1992 年版，第 136 页。

②　王铭铭：《格尔兹的解释人类学》，《教学与研究》1999 年第 4 期。

③　不过全面的理解却并不意味着完全的认同。

④　[德] 于尔根·哈贝马斯：《交往与社会进化》，张博树译，重庆出版社 1989 年版，第 3 页。

"最狭窄"意义的理解，也应该能够在"最宽泛的意义"上相互理解。诸如在外语与对外汉语教学、言语与非言语交际、风俗习惯、尚待深入阐释而浮在表面的价值观（例如人性之本质、人与自然之关系、时间、人类活动、社会关系等）、信仰、经济与管理、涉外商务传播等方面，就不乏理解或实现的可能性①。

三　在现代性场域中基于大陆语域的跨文化交际实现的界限

然而，"神秘的东西不是：世界是怎样的，而是：世界是这样的"②。理论上的设想和貌似科学的量化分析与真实的现实毕竟有所隔膜，即便是以格尔茨为代表的解释学人类学也同样遭到——"忽视了一个事实：在任何社会中，文化都常被当成意识形态来运用，从而扮演着以世界观来掩盖政治经济现实的角色"③——这样一种批评。

不言而喻，当下的中国大陆整体作为一个跨文化交际的主体，在强烈愿望的驱使下，基本上形成了自身的跨文化交际策略。它大致表现在如下几个方面：（1）有选择性地以前现代的区域性历时承传下的"和而不同"等观念为理念，作为抵御全球日渐弥漫的价值观念的盾牌，颇为符合现代性话语的异质性和批判性特征；（2）借助于"他者"的政治正确的"多元化"话语作为自己"批判的武器"，从而为自身争夺话语权奠定学理依据；（3）结合前两者，以文化的独特性、悠久性乃至集体"记忆"或"无意识"的别样性等，作为自身话语表述的主要内容。表面看来，这种策略不乏合理性，不过，稍作深究，即可窥视出其在现代性场域中进行跨文化交际时隐含的裂隙、张力或断裂——一种前现代和现代观念相混合的文化话语，在现代性场域中恐怕是难以与其他话语完全沟通的，即便是在阐释层面被理解，也是难以被全面认同的。

毋庸置疑，在上述泰勒的作为一个"复杂整体"的文化定义中，包含着"通过有意识地对一个特定的举止的——伦理的、美学的、宗教的或作

①　如果中共十八大报告中倡导的社会主义核心价值观——富强、民主、文明、和谐、自由、平等、公正、法治、爱国、敬业、诚信、友善（见 www. xinhuanet. com）——能够彻底实施，那么这种可能则完全可以进一步深入和拓展。

②　[英] 路德维希·维特根斯坦：《1914—1916 的笔记》，转引自朱立元、张德兴等主编《西方美学通史》（第六卷上），上海文艺出版社1999年版，第355页。

③　王铭铭：《格尔兹的解释人类学》，《教学与研究》1999年第4期。

任何其他阐释的——无条件的固有价值的纯粹信仰，不管是否取得成就"①
这样一种价值理性，它的中枢似乎可以认为就是在当下全球日渐弥漫并越来越被广泛接受的——一种"真正的热情总是在朝着理想的东西以及真正纯粹道德的东西前进的，比如权利概念"② 的——价值观，也更蕴含着以这种价值观为理念建构的制度或机制。如果大陆语域的跨文化交际话语剥离或淡化了这些内容，使之缺位或离场，那么，基于大陆语域的跨文化交际话语或许就沦为表层次的喧哗和骚动，显现为浮于外表的外语与对外汉语教学、言语与非言语交际、风俗习惯、价值观、信仰、经济与管理、涉外商务传播与商贸，以至于饮食、建筑、戏曲、茶酒、才艺等方面，而真正基于大陆语域的跨文化交际的实现只能面临一条难以逾越的界限。表现在国际和地区关系领域，尽管我们付出了巨大的（包括经济上的）努力，然而回报率却不尽如人意，口头和表面的认同掩盖或遮蔽的是内在的疏离或拒绝，时下对外经济援助和合作虽然日益频繁且力度也不断增大，可是效果却越来越不明显似乎就说明了问题。

　　进而言之，目前立足于大陆语域的跨文化交际话语逐渐成为一门显学，似乎是以经济的迅速增长和百年来特别是在近期日益强烈的"复兴"意识为前提的，这种话语言说一定程度上类似于"镜像阶段"——即那些"还不会说话、无力控制其运动的、完全是由本源欲望的无序状态所支配的婴儿面对着镜子，高高兴兴地将映在镜中的自己成熟的整体形象理解为自己本身的阶段"。③ ——婴儿的"主体"之呓语，换句话说，一定程度上可以认为是在一种表象自我观照中的自我认同和自说自话。在缺乏系统性全面（政治、经济、文化、社会、历史等）深入沟通和现代性与前现代性错位理解阐释的前提下，以大陆为主体，仅进行一些表面或枝节的定性和定量的跨文化交际研究和实践，基本上可以认为是一种难以完全达到预期目的的浅层次命题。

四　个体跨文化交际实现的灵活性与超越性

　　进入 21 世纪的今天，当下的中国大陆，随着改革开放的逐步推进和日

①　[德]马克斯·韦伯：《经济与社会》（上卷），林荣远译，商务印书馆 1997 年版，第56 页。

②　[德]康德：《历史理性批判文集》，何兆武译，商务印书馆 1990 年版，第 154 页。

③　[日]福原泰平：《拉康——镜像阶段》，王小峰、李濯凡译，河北教育出版社 2002 年版，第 42 页。

渐深入，加之以网络为主体的信息时代的到来，以一种伦理标准衡量思想取向的倾向也逐渐趋于淡化，无论是在公共空间还是私人空间，个体的话语、行为均获得了较之以往的更多可能。在这种语域中，个体跨文化交际的策略便具有一定程度的灵活性与超越性，其话语、行为在公共空间和私下空间完全可以采取不同的交际策略，进而实现交际。在公共话语空间，大陆语域中的个体表面上完全可以与上述——剥离或淡化了以终极道德为中枢的价值理性，和以其为依据建构的机制——现代和前现代相混合的文化或意识形态观念保持一致或对其予以认同，而在私下话语空间，置身于大陆语域中的个体则完全可以反其道而行之，采取相反的交际策略，使上述理论日渐弥漫并越来越被广泛接受的价值观及其机制在位或在场，进而使较为完整彻底的跨文化交际实现成为可能。尽管大陆语域中的个体在私下交际话语或行为中采用这种跨文化交际策略可能是无意识或下意识的，但其有效性却是显而易见的，在普遍的跨文化交际现实中，也是屡见不鲜的。

众所周知，"人财"外流在当前的中国大陆已经露出端倪，面对这股不利于中国大陆长久富强强大的涌流，我们不能一味指责那些流出或不归者"数典忘祖"，忘记了自己的文化之根，遗弃了养育自己的土地和人民；更不能将责任推诿于流入方，谴责他们要"阴谋"，掏空中国大陆。而应看到这些外流个体对上述作为一个"复杂整体"的文化定义中的核心内容——日渐弥漫并越来越被广泛接受的价值观及其机制——的高度认同，通过认真反省，进而改善中国大陆的语域和机制。如果中国大陆所有公民发自内心地认同了自己的文化和机制，那么，这种认同彻底实现之日，即为我们民族国家完全复兴强大并充满向心力之时。总之，我们应该保持一种相对乐观的态度，尽管道路漫长而曲折，但人类永恒的向往就是终极的善（道德），因为"大自然迫使人类去加以解决的最大问题，就是建立起一个普遍法治的公民社会"①。

---

① ［德］康德：《历史理性批判文集》，何兆武译，商务印书馆1990年版，第8页。

从晋译《华严》看魏晋南北朝时期的中外文化交流与交往

冯雪俊[①]

【摘要】晋译《华严》（也称"六十华严"）是由北天竺僧人佛陀跋陀罗于东晋年间翻译的一部篇幅宏大的大乘经典，译出后在中国产生了深远的影响。本文主要从晋译《华严》的内容以及翻译来揭示魏晋南北朝时期中外之间以《华严经》为媒介进行的中外文化交流与交往。

【关键词】晋译《华严》；魏晋南北朝；佛陀跋陀罗；文化交流

关于晋译《华严》的研究，前人已多有论述，较为重要的有魏道儒的《中国华严宗通史》、吕澂的《中国佛学源流略讲》、真禅的《〈华严经〉与华严宗》、方东美的《华严宗哲学》、赖品超的《三一论、基督论与华严佛学》、桑大鹏的《三种〈华严〉及其经典阐释研究》等。细读他们的著作可以发现，他们的研究主要集中在晋译《华严》的哲学思想、华严宗的创立等方面，而从中外文化交流史的角度对晋译《华严》进行研究的论述相对较少，这也成为笔者撰写这篇论文的一个重要原因。

一 晋译《华严》的主要内容

晋译《华严》是三十四品单行经的集成本，分为"七处八会"，即佛在七个地方，主持了八次宣讲佛法的集会，并主要是进行菩萨修行的讲述。

晋译《华严》沿袭小乘以"如是我闻"作为佛经开首的惯例，其内容主要有以下几个特点：

---

① 冯雪俊（1971— ），女，青海省民和回族土族自治县人，博士，陕西师范大学国际汉学院讲师，主要研究方向为中国历史和对外汉语，此文属于陕西师范大学中央高校基本科研业务费专项资金项目。

第一，对毗卢舍那佛的崇拜。"毗卢舍那"即"光明普照"的意思，毗卢舍那佛即意译为"大日佛"。按照《华严经》的描述，毗卢舍那佛是唯一的如来，真正的世尊，十方微尘数诸佛都聚集在他的周围，成了他的化身。"《华严经》中的毗卢舍那佛的出现，标志着在信奉释迦牟尼为唯一教主的佛教体系之外，又产生了一种全新的形态，为大乘佛教创造了一个新的或称作'佛日'的教主。"①

第二，对华藏世界的构建。《华严经》塑造的佛国世界名叫"华藏庄严世界海"，也称"莲华藏世界"、"华藏世界"等。同时，经文中也用大量篇幅对这个佛国世界进行了详细描述并讲述了看到这一世界的方法与途径。

第三，强调"一"与"多"的关系。《华严经》中的一多关系，乃是对事物或现象间的一切关系的宗概括，无论世间现象还是出世间现象，它们的关系都可以用一对多关系来说明和概括。

第四，提出"法界"与"世间"的概念。深入法界、随顺法界，是《华严经》的一贯旨趣，并被视为菩萨修行成佛的必由之路。而《入法界品》提供了如何深入法界和随顺法界的典型例证。

第五，如何处理"心"、"佛"以及"众生"三者之间的关系。《华严经》认为，"心"是世间的本源。首先，作为众生具体存在形态的"五阴"是"心"所创造；其次，"心"具有沟通世间和出世间的功能。向内心世界寻求解脱，走修心道路，就能"见"到真佛；最后，心具有成为出世间本源的倾向或萌芽，故"心造诸如来"。

值得注意的是，晋译《华严》的出现，开辟了华严经学输入内地的新阶段。这部按照一定标准有选择收录的华严汇集本，容纳了在中国佛学史上起作用的华严经学的基本内容，此后虽屡有单行经续出，并有篇幅更长一些的《华严》汇集本翻译，但在主要学说方面没有实质性突破。晋译《华严》是定型化的经典，其理论是华严经学的成熟形态。②

二　晋译《华严》的出现与翻译

公元前 1 世纪至公元 2 世纪，佛教内部发生着巨大变化，其标志是大乘佛教经典的不断涌现。制造大乘经典是信仰者无组织无领导的群众性自发创造过程，他们假借佛的名义，标立新说，以显示与以往佛教的不同，其秉持

---

① 杜继文主编：《佛教史》，江苏人民出版社 2006 年版，第 109 页。
② 魏道儒：《中国华严宗通史》，凤凰出版社 2008 年版，第 21 页。

者也往往自称"方广"、"方等"或"大乘"。

月氏有可能是早期大乘经典的主要产地。从东汉末到西晋，传译华严典籍的大月氏人可分为三类①：其一是来自贵霜的月氏人，如汉末的支娄迦谶。其所翻译的《兜沙经》不仅是现存最早的汉译华严典籍，也是最早形成的华严类经典，其产生不早于公元1世纪，不迟于公元2世纪中叶。其二是归附东汉居住内地的大月氏人后裔，如三国的支谦。他翻译的《佛说菩萨本业经》（简称《本业经》）具有颇为浓重的儒家伦理色彩。说明《本业经》应是《兜沙经》传到新疆地区之后，经当地汉化信徒继续发挥而形成的。其三是被汉民族同化，仍居住敦煌故地的大月氏人，如西晋竺法护。竺法护世居敦煌，约公元3世纪中，随师西游36国，带回大量佛典，经他译出的，共有159部309卷，相当充分地反映了贵霜王朝末期，佛教在葱岭附近诸国的发展情况。收进"华严"类的有《渐备一切智德经》和《如来兴显经》。《渐备一切智德经》用"三界虚妄，唯是一心作"统一"十二因缘"的多元论说法，为大乘唯识哲学的发展开辟了道路。

大月氏人建立的贵霜王朝在其强盛时期，影响曾远及我国于阗。据《洛阳伽蓝记》和《大唐西域记》等记载，于阗佛教始自随商队来的贵霜王朝僧人迦湿弥罗比丘毗卢旃。他说服于阗王信奉佛法，建造伽蓝，传说所建伽蓝，就是著名的赞摩寺（衢摩帝寺），曾是禅法传入我国内地的主要基地。公元260年前，于阗有大乘经的消息已为洛阳所知，朱士行遂去于阗求得《放光般若经》梵书正本90章。②

从东汉末至晋译《华严》的译出，关于所出单行经的数量，各经录说法不尽相同。关于各种单行经与集成本的关系，《大唐内典录》卷九的说法有代表性，反映了整理单行经的历代学僧，包括华严宗学僧的观点。它认为，所有在集成本中有相关内容的单行经，"并抄略本部，支品流行，文或出没，义理无异"（"本部"即指晋译《华严》，"支品"即指各种单行经）。即集成本早于单行经。

现代学者则大多持相反意见，认为集成本是在汇集不同时代和地区的单行经基础上形成的。某些前出单行经是集成本中所收相关内容的经典的原型，某些单行经形成于集成本之前，并且是在我国于阗（今新疆和田）一带编成。

---

① 杜继文主编：《佛教史》，江苏人民出版社2006年版，第36页。
② 同上书，第56页。

日本学者高峰了洲在《华严思想史》第一章中认为，集成本中的《名号品》、《光明觉品》、《净行品》、《十住品》、《十地品》、《十忍品》、《性起品》、《离世间品》、《入法界品》约形成于 150—250 年间，其中的《名号品》、《十地品》、《入法界品》的形成不迟于 150 年，是最早的华严典籍。约公元 250—350 年间，逐渐编成现存的六十华严。

魏晋南北朝是中国佛教史上产生译人与译典最多的时期。据《开元释教录》（简称《开元录》）记载，从南朝宋永福元年（420 年）到陈后主祯明三年（589 年），经南北 8 个朝代 169 年，共有译者 67 人，译籍 750 部 1750 卷。这个译经高潮，实发端于姚秦鸠摩罗什译经集团（402—413 年），传译的中心则向多方向发展，北方有敦煌、姑臧、长安、洛阳、邺城等；南方在建康之外，还有广州、豫章及沿江地区的江陵、襄阳、庐山等。佛籍译介的范围，比任何时期都要广泛。晋译《华严》就是其中的一部。

晋译《华严》的译者佛陀跋陀罗（北天竺沙门），意译觉贤，曾游学罽宾，后应秦僧智严的邀请来到长安，传播禅法，显示禅异，因与鸠摩罗什门下僧众发生激烈冲突，约 411 年被摈出境，与慧观等 40 余人南投庐山慧远，着手译经。经年许，西适江陵，为出征至荆州的刘裕招致，回到建康，住道场寺，前后译出佛典 13 部 125 卷。其中包括晋译《华严》。① 觉贤译出的晋译《华严》，开创了全面研习《华严经》的新阶段。主持觉贤译事的，是他的弟子慧观、慧严。他们二人原是从鸠摩罗什问学的，后来成为觉贤译经的得力助手，得到刘宋朝廷支持，重要的译家求那跋摩、僧伽跋摩、卑摩罗叉、求那跋陀罗等，或由他们招致，或由他们笔受，是南宋最主要的佛教组织者和学者。从西域归来的学僧，如法显、宝云等，也集中在这里。

佛陀跋陀罗能够主持译经工作，至少得益于两点："一是他天资聪慧，博学群经，'众皆一月，贤一日诵毕'。二是他广泛游历，转益多师，特别是与《华严经·十地品》的译者鸠摩罗什多有切磋，'什每有疑义必共咨决'，这增进了他对《华严经》的理解。"②

三　晋译《华严》对中外文化交流与交往的几点启示

晋译《华严》的出现体现出了以下几点中外文化交流与交往的特点与

---

① 晋译《华严》"译后记"："以晋义熙十四年岁次鹑火三月十日，于扬州司空谢石所立道场寺，请天竺禅师佛度跋陀罗（即佛陀跋陀罗），手执梵文，译梵为晋，沙门释法业从笔受，时吴郡内史孟顗，右卫将军褚叔度为檀越。至元熙二年六月十日出讫。"

② 桑大鹏：《三种〈华严〉及其经典阐释研究》，华中师范大学出版社 2007 年版，第 36 页。

规律：

第一，文化交流的内容应该是世界各民族共同关注或者关心的问题。晋译《华严》是释迦牟尼初成佛时对诸菩萨的讲道内容，体现的是人生观、世界观的问题。程朱理学的重要命题是"理一分殊"。朱熹说："本只一个太极，而万物各有秉受，又各自全具一太极尔。如月在天，只一而已，及散在江湖，则随处而见，不可谓月已分也。"（《朱子语类》卷九四）太极，即相当于华严宗所说的"理"或"一真法界"，只不过给予的内容不同而已。朱熹还说："释氏云：一月普现一切水，一切水月一月摄。这是那释氏也窥见得这些道理。"（《朱子语类》卷一八）显然，这种照抄的"释氏"之言，出自华严宗的"一切即一"，"一即一切"。程朱又以"体用一源，显微无间"说，来表述一切事物都是"一理"的体现，则出自华严宗的"理事无碍"之说。因他们与华严宗的思想过于相似，故程颐有"泄露天机"的感叹。①

第二，有一批热爱传播文化事业的人群充当文化传播的使者与桥梁。晋宋以后，西来的僧侣越勤越密。北魏洛阳永明寺，接纳"百国沙门三千余人"，远者来自大秦（罗马）和南印度，洛阳成为当时世界佛教最盛的圣地。南朝的建康是江南外籍僧侣的活动中心，也是出译籍、出义理的主要基地。建康与中天竺、南天竺、斯里兰卡和扶南等国的佛教联系尤为密切。

第三，科学技术与知识的发展是文化交流与交往的根本保证与保障。首先，魏晋以来，纸的大量使用就为这一时期大量佛教的翻译提供了可能；其次，造船技术的提高，航海知识的丰富，使魏晋南北朝时期中外僧侣的航行也大为便捷。佛教传入中国内地，历来有两条通道：一是北沿陆上丝绸之路，二是南沿海上丝绸之路。两晋之际，南海北路已经贯通，形成了一个佛教文化循环遨游的大圆圈。这个圆圈到南北朝，流转的速度骤然加快，往来的僧众明显增多。如佛陀跋陀罗（《高僧传》有传，说他是经海路到东莱郡登岸的）。

第四，文化交流与交往是每个国家富强发达的重要保障之一。"佛教自传入中国，至今2000余年，作为制度化的宗教，在组织上蓬勃发展，在思想理论上的诠释也层出不穷；尤其自宋以下，佛教文化的渗透无所不在……丰富了每个时代的精神风貌。"②

① 杜继文主编：《佛教史》，江苏人民出版社2006年版，第263页。
② 汤用彤：《汉魏两晋南北朝佛教史》，武汉大学出版社2008年版，第1页。

简论宇文所安《诺顿中国文学选集》的跨文化交际研究价值

王作良①

【摘要】宇文所安（Stephen Owen，又译斯蒂芬·欧文）编著的《诺顿中国文学选集：初始至 1911 年》（*An Anthology of Chinese Literature, Beginning to* 1911）是西方英语世界流传范围最广、文化影响最大的中国文学选本之一，体现了较为强烈的跨文化交际意识，其价值主要体现在以下两个方面。一是凭借"文本家族"重构经典。宇文所安"文本家族"模式在文选编撰中的引入，正是摆脱狭隘的中国想象模式的产物；与以"文本家族"的视野看待文学作品相联系，宇文所安对中国文学经典进行了重新发掘与反思。二是为尽量准确传达中国文学原貌而采用的翻译策略。正视不同文化之间的差异，而不是以简单化和模式化的方法看待处理文学翻译，是宇文所安不同于其他大多数中国文学翻译者的地方。《诺顿中国文学选集》的编译，就是中美文化融合的一次积极尝试，扩大了中国古代文学经典在英语世界的影响，确立了汉诗英译的世界经典地位。

【关键词】宇文所安；诺顿中国文学选集；重构经典；翻译策略；跨文化交际

引　言

20 世纪六七十年代以降的西方汉学，对中国古典文学的研究，在纵向与横向两个方面日趋深入。汉学家们在文学专题研究的同时，也注重对

---

① 王作良（19—　），男，文学博士，陕西师范大学国际汉学院副教授。

中国文学（特别是中国古典文学）的多方位、多视角的整体性把握。与之相应，英语世界（包括 1997 年以前的香港地区）陆续编译出版了众多有关中国古典文学的选集①，力图以选集的形式来展现中国古典文学的大概面貌，为西方世界的人们了解和研究中国文学提供了更为直接和便捷的路径，为中国文化在西方世界的传播和接受开启了一扇大门，这其中，美国著名汉学家、东亚语言与文明系教授宇文所安（Stephen Owen，又译斯蒂芬·欧文）编著的《诺顿中国文学选集：初始至 1911 年》（*An Anthology of Chinese Literature, Beginning to 1911*）（为行文简洁，下文提到该书皆简称《诺顿中国文学选集》②）是其中流传范围最广、文化影响最大的重要选本之一。

该选本的产生，与宇文所安对中国文学精深而扎实的研究密不可分。在此之前，他已陆续出版了以下中国文学著作③：*The Poetry of Mengjiao and Hanyu*（《韩愈和孟郊的诗歌》，1972 年）、*The Poetry of the Early T'ang*

---

① 有关这方面的情况，可参阅史冬冬《他山之石——论宇文所安中国古代文学与文论》，巴蜀书社 2010 年版，第 191—192 页；以及陈橙《文选编译与经典重构——宇文所安的〈诺顿中国文选〉研究》，上海外语教育出版社 2012 年版，第 23—28 页。另外，William McNaughton（威廉·麦克诺顿）编选的 *Chinese Literature: An Anthology from Earliest Times to the Present Day*（由 Rutland, Vermont: Charles E. Tuttle Co. 于 1974 年出版，中国学者孙宏将其译作《从上古至当代的中国文学选集》）选录了三千多年来中国最有代表性的作品，现当代部分只占了其中很小的比例，"全书分六部分二十四章。书中作品按时间顺序排列，每章集中收集某个历史时期具有代表性的作家的作品，卷首有一篇总论，书尾附有一个中国文学史一览表。除卷首总论之外，每章也以一篇序言开头，简短地介绍某一时期的作品或流派"。见孙宏《评麦克诺顿编辑的英译中国文选》，《西北大学学报》（哲学社会科学版）1992 年第 3 期，第 119 页。麦克诺顿的中国文选，由于种种原因，以笔者目力所及，除孙宏论文及陈橙《文选编译与经典重构——宇文所安的〈诺顿中国文学〉研究》（具体论述见该书第 25 页）外，在汉语世界鲜被提及。另有两篇英文书评涉及该文选：一为 K. C. Leung 发表于 *Books Abroad* 1974 年第 4 期的 "*Chinese Literature: An Anthology from the Earliest Times to the Present Day by William McNaughton*"；另一篇为 R. Nylander 发表于 *Journal of American Oriental Society* 1977 年第 4 期的 "Chinese Literature: An Anthology from the Earliest Times to the Present - Day—McNaughton, W. Editor"。

② 此处采用的是史冬冬《他山之石——论宇文所安中国古代文学与文论》中的汉译。宇文所安中国文学著作详情，见史冬冬《他山之石——论宇文所安中国古代文学与文论》"附录Ⅰ：宇文所安主要汉学成果一览表"，第 424—431 页；以及王兵《论中国学界对宇文所安汉学研究的接受》"附录：宇文所安英文著作目录"，（台湾）《汉学研究通讯》2011 年第 1 期，第 30—31 页。

③ 宇文所安中国文学著作详情，见史冬冬《他山之石——论宇文所安中国古代文学与文论》"附录Ⅰ：宇文所安主要汉学成果一览表"，第 424—431 页；以及王兵《论中国学界对宇文所安汉学研究的接受》"附录：宇文所安英文著作目录"，（台湾）《汉学研究通讯》2011 年第 1 期，第 30—31 页。

（《初唐诗》，1977 年）、*The Great Age of Chinese Poetry：the High T'ang*
（《盛唐诗》，1980）、*Tradition Chinese Poetry and Poetic：Omen of the World*
（《中国传统诗歌与诗歌》1985 年）、*Remembrance：the Experience of the Past
in Chinese Classical Literature*（《追忆：中国古代文学中的往事再现》，1990
年）等。作为非华裔的美国汉学家，宇文所安可以说是目前欧美汉学界中中
国古代文学研究领域最为顶级的汉学家，其中的研究视野、资料运用、问题
意识等，无疑是非常独特的，这在《诺顿中国文学选集》中也得到了很好
的体现。

　　《诺顿中国文学选集》的编选，体现了较为强烈的跨文化交际意识，宇文所
安曾明确表示："你如果问我：'在美国，你的哪本书最重要？'那我可以毫不犹
豫地告诉你，是《中国古代文学作品选》（即《诺顿中国文学选集》）。这也许
会使中国的学者感到奇怪吧？其实在美国研究中国文化，主要是为了美国的文
化建设，而不完全是为了对中国文化发言。我的这本作品被列入了著名的诺顿
（Norton）系列，这是一个得到权威机构认可的标准的教材系列，凡是在校大学
生，只要学习中国文学，都要读它，所以它的影响面，远远超过我的其他任何
一本书。我很重视这本教材，为此，我整整花费了三年的时间，就是希望通过
这本书的出版，美国能有更多人对中国文学感兴趣。"[①]

　　本文在已有研究成果的基础上，拟从以下两个层面研究《诺顿中国文
学选集》的跨文化交际价值：其一是探究其凭借"文本家族"重构经典
的价值，其二是探析其中为尽量准确传达中国文学原貌而采用的翻译策略
的价值。

一　凭借"文本家族"重构经典的价值

　　"文本家族"（a family of texts）有广义和狭义之分，广义的"文本
家族"，是指"在跨文化交流和影响日益紧密的时代，文学文本完全可
能体现出跨文化的亲缘性，从而形成没有文化疆界"[②]的文本系统。狭

---

　　① 张宏生：《"对传统加以再创造，同时又不让它失真"——访哈佛大学东亚语言与文明系斯蒂
芬·欧文教授》，《文学遗产》1998 年第 1 期，第 114 页。

　　② 张志国：《诗歌史叙述：凸显与隐蔽——宇文所安的唐诗史写作及反思》，《江汉大学
学报》（人文科学版）2008 年第 2 期，第 32 页注释⑩。"文本家族"的概念，来自西方，但
清人吴乔《围炉诗话》中的一段话已隐含其意："凡读唐人诗，孤篇须看通篇意，有几篇者须
合看诸篇意，然后作解，庶几可得作者之意，不可执一二句一二字轻立论也。"见郭绍虞编
选、富寿荪点校《清诗话续编》卷六，上海古籍出版社 1983 年版，第 587 页。

义的"文本家族",指的是"基于共同文化与文学传统的文本,彼此之间存在着跨越时代的文学回响与影响,它们往往在主题、题材、结构、隐喻模式等各方面形成具有亲缘关系(认同或反抗)的惯例,从而构成众多不断生成性的、开放着的家族集合"①。本文提到的"文本家族",取其狭义。为了凸显每个时期文学创作的独特个性,《诺顿中国文学选集》的编选目标即在于为读者展现"一个文本家族以及构成'传统'的各种声音"②。"文本家族"的展现,也与宇文所安的文学史写作目标相吻合。

在宇文所安看来,文学史的撰作,应以作品为中心,在此基础上,"描述文学和文化的变化实际上是怎样发生的"③。这样的看法,与宇文所安对于中国传统的丰富性密切相关:"不同时代、不同文化的读者通常想象在中国文学中找出某种统一的'中国性'(Chinese - ness),——或许隔离出这样一个意向,即一位老渔翁在云雾缠绕的山中呢喃着充满道家智慧的词语。这种想象式的中国是通过外部文化道德电影和历史构建出来的;认清这种被简单化的意象十分重要,同时更要认识到传统中国在其漫长历史中体现出的极大的多样性。"④ 宇文所安文中提到的"一位老渔翁在云雾缠绕的山中呢喃着充满道家智慧的词语"的"想象式中国"形象的塑造,除了"通过外部文化道德电影和历史构建出来的"因素,在很大程度上,也与第一次世界大战后《道德经》在美国社会的广泛流行有关。

单一化、神秘化、妖魔化,过分夸大差异,是以往西方汉学家对中国文化认识的普遍倾向。当然,这种隔膜,也与中国自身长期与外界(特别是西方世界)缺乏有效交流有关。华裔学者张隆溪就曾经指出:"中国在近代以前与西方基本上是没有什么接触和交流的。于是,中国就成了一些西方学者研究文化差异的典型,一个绝对'他者'的范例。他们认为西方的反面就是中国,这种过度强调中西文化之间差异的观点其实是间接消除了跨文化

① 张志国:《诗歌史叙述:凸显与隐蔽——宇文所安的唐诗史写作及反思》,第29页。

② Stephen Owen:*An Anthology of Chinese Literature*,*Beginning to 1911*,New York:W. W. Norton & Company,1996,p. XI,译文见陈橙《文选编译与经典重构——宇文所安的〈诺顿中国文选研究〉》,上海外语教育出版社2012年版,第44页。

③ [美] 宇文所安:《瓠落的文学史》,《中国学术》2000年总第3期,第238页。

④ Stephen Owen:*An Anthology of Chinese Literature*,*Beginning to 1911*,p. XI,译文见陈橙《文选编译与经典重构——宇文所安的〈诺顿中国文选〉研究》,第43页。

研究的可能性。西方人常常会把中国的一切都说得好像与他们正好是相反的。"① 20 世纪 60 年代，寒山诗一段时间的风行，诚如论者所言，"是对异域文化好奇心与想象的自我满足"②。对寒山诗的顶礼膜拜，反映出强烈的异质文化猎奇心理，当时的美国公众，"向往的是中国传统文化的神秘与怪异"③。宇文所安"文本家族"模式在文选编撰中的引入，正是摆脱狭隘的中国想象模式的产物，凸显个体的丰富性与独特性的具体表现。有关这一点，宇文所安曾表示："尽管文学传统是一个统一的力量，却绝非单一一块。从广义上说，中国文学为它的人民展示了一个广阔范围内人性的可能与回响。文学可以确立社会价值，可以扭曲社会价值，甚至可以一举颠覆社会价值。……如果一个人十分豪爽，那么他可以读李白的诗歌；如果一个人渴望过简单的生活，那么可以读陶潜和王维的诗歌；如果一个人恋爱了，那么

---

① 梁建东：《跨越中西的文化交流与对话——张隆溪教授访谈录》，《书屋》2010 年第 4 期，第 24 页。葛兆光曾提到西方学界"想象的中国"的另外一种情况："最近，有人在批评《剑桥近代中国史》中的'世界'二字，'世界'由于缺少了中国甚至东亚而名不符实，那么，如果不缺少中国或东亚是否就名副其实地成了'世界'？其实也不尽然。现在一本很热门的书《东方学》说的一个道理很对，就算是关于'世界'的叙述包含了中国，但是，那'中国'也不是这'中国'，正如萨义德（Edward Said）所说的那样，它可能只是在学院中被研究，在展览馆中被展览，在各种关于人类和宇宙的学术著作中被理论表述出来的一个想象的'中国'，而且关于这种'中国'的知识还是'或多或少建立在高高在上的西方意识'基础上的（萨义德（Edward Said）：《东方学》，王宇根中译本，第 10 页，三联书店 1999 年版。），而域外中的国家们也确实是用西方人的视角，在好奇地审视、用西方观念在选择与评价，用不自觉的西方背景在理解中国的，当这些建构世界普遍性理论与历史的学者一旦借用他们的成就，就不自觉地接受了这种'想象的中国'，并把这个想象的中国加入他那个论述中的'世界'，或者在印证'中国'与'世界'（其实是西方）的一体性，或者在凸显'中国'与'世界'的差异性，当然无论是一体还是差异，在这种或浑融或对立的描述中，他叙述了涵盖东西方的整个'世界'。"见葛兆光《缺席的中国》，《开放时代》2000 年第 1 期。

② 史冬冬：《他山之石论宇文所安中国古代文学与文论》，第 245 页。寒山诗的广泛流传接受与美国社会思潮的关系，可参阅胡安江《寒山诗文本旅行与经典建构》第三章第四节及第四章的相关内容，清华大学出版社 2011 年版。其他重要参考文献尚有：王庆云《论寒山诗及其在东西方的影响》，《烟台师范学院学报》（哲学社会科学版）1990 年第 1 期；陈民镇《寒山诗在日本、美国的流播——一个文学他国化的典型个案》，《山西师范大学学报》（社会科学版）2009 年第 5 期；李燕《从改写看寒山诗在美国的经典过程》（中国英汉语比较研究会第十次全国学术研讨会暨 2012 英汉语比较与翻译研究国际学术研讨会参会论文）；杨锋兵《寒山诗在美国的被接受与被误读》，陕西师范大学 2007 年硕士论文；张广龙《寒山诗在美国》，首都师范大学 2005 年硕士论文；刘亚杰《论寒山诗在美国的传播与接受》，河南大学 2007 年硕士论文；廖治华《从加里·史耐德选译寒山诗看意识形态对翻译选材的操纵》，《青年文学家》2011 年第 1 期；邵霞、滕宇《试论斯奈德对寒山诗的译介和译作在美国的接受》，《绵阳师范学院学报》2010 年第 12 期；钟玲《史耐德与中国文化》"寒山诗译文的经典化过程"，首都师范大学出版社 2006 年版。寒山诗中外选集接受的差异，可参阅陈橙《文选编译与经典重构——宇文所安的〈诺顿中国文选〉研究》第 128 页的有关论述。

③ 钟玲：《美国诗与中国梦：美国现代诗里的中国文化模式》，广西师范大学出版社 2003 年版，第 197 页。

他可以读李商隐的诗歌或者汤显祖的戏曲《牡丹亭》。白话写成的通俗文学，尤其是散文话小说，也可以再现这个文化中被压制的动力。"①

与以"文本家族"的视野看待文学作品相联系，宇文所安对中国文学经典进行了重新发掘与反思，这在选集中对王维诗歌的编选有着集中的体现。整个选集中收入王维诗歌 38 首，其中"正题收录"29 首，"选集其他部分收录"9 首，整体数量仅次于入选诗歌最多的杜甫（39 首），比位列第三的李白整整多出 10 首。以王维在盛唐诗坛以及唐代诗坛的地位，这样的选择还不算十分离谱。毕竟，在笔者看来，王维是唐代唯一的可以与李白、杜甫比肩，足以形成鼎足之势的一位诗人。尽管在选集中，也有极少部分的被传统压抑和忽视的"反经典"，但《辋川集》的悉数入选，表现了宇文所安对经典重构的深刻思考，不过，其入选显然不同于此前的一些中国文学选集大量选录唐代诗僧寒山诗的情况。

如何构建经典，宇文氏曾作过一个有趣的比喻："被选来代表国家烹调的食品既不能太家常，也不能太富有异国情调：它们必须处于一个令人感到舒适的'差异边缘'地带之中。它们必须具有足以被食客辨认出来的和本土食物的不同，这样才能对其发源地的烹调具有代表性；但是它们也必须能为国际口味所接受。如果我们用一个比喻来描述的话，购物中心食廊里的不同国家的食品必须是'具有可译性的烹调风格'。"② 依笔者的理解，"必须能为国际口味所接受"包含以下两层意思：第一，是出于对接受国读者传统口味的考虑。第二，则与宇文所安对"新经典"的发掘有关。第一点的一个典型例子是选集中寒山五首诗的入选③。《诺顿中国文学选集》之前

①　Stephen Owen: *An Anthology of Chinese Literature*, *Beginning to 1911*, p. 39. 译文见陈橙《文选编译与经典重构——宇文所安的〈诺顿中国文选〉研究》，第 43 页。

②　［美］宇文所安：《中国文化：英译与评论》，王柏华、陶庆梅译，上海社会科学院出版社 2003 年版，第 55—56 页。

③　对此，史冬冬《他山之石——论宇文所安中国古代文学与文论》中有如下看法："在《诺顿中国文学选集》中，宇文所安继续保持着对寒山的关注，收录了 5 首寒山诗。无论这种关注兴趣是个人性的还是出于大众阅读的考虑，其结果是，继续维持着寒山在西方读者眼中的佛教诗人形象及其诗歌的经典地位。"见该书第 245 页。笔者考虑，寒山诗的入选，个人兴趣的因素要小一些，但不排除这种因素，一个显著的例证还是《辋川集》作品的悉数入选，与其中含而不露的禅意有关，这与美国公众接受寒山诗有相通之处，但更重要的原因，也许是考虑到"大众阅读"的因素。笔者之所以得出这样的结论，来自对《红楼梦》未入选的思考。对于《红楼梦》等四大名著，《诺文中国文学选集》"介绍"中说："前现代主要的小说都已经被翻译过来，对于它们的阅读应该在这部文选之外进行"。原文见 Stephen Owen: *An Anthology of Chinese Literature*, *Beginning to 1991*, *Introduction*. 《红楼梦》的"缺席"，耶鲁（转下页）

的英译中国古典文学选集中，美国加州大学伯克利分校东方语言系主任西里尔·白芝（Cyril Birch）主编的《中国文学选集：从早期到十四世纪》（*Anthology of Chinese Literature：From Early Times to the Fourteenth Century*, New York：Grove Press, 1965）精选了加里·施耐德（Gary Synder）翻译的寒山诗24首，其中李白、杜甫仅仅各入选12首；美国著名敦煌变文研究专家、宾夕法尼亚大学东方学系教授梅维恒（Victor H. Mairie）编辑的《哥伦比亚中国文学选集》（*The Columbia Anthology of Traditional Chinese Literature*, New York：Columbia University Press, 1994）中收寒山诗13首①。可见，从20世纪60年代开始，"寒山诗在美国人眼中已成为经典之作"②。较多数量的寒山诗入选中国文学选集，其社会、文化背景，已见前述。

宇文所安研究文学时，非常注重惯例在文学发展演变中的作用。对《辋川集》文学价值的再发掘，就与此有关。宇文所安曾在耶鲁求学多年（其攻读博士学位期间的导师即为美籍汉学家傅汉思教授），后又在耶鲁任教多年，

（接上页）大学历史系教授、东亚研究中心主任史景迁（Jonathan Spence）在 The World - board's Spray, *Review on An Anthology of Chinese Literature：beginning to 1911*, p. 39 中曾表示了自己的遗憾和不满之情："一部洪昇的《长生殿》就占去了130页，超过整个清代文学一半的篇幅，这是奇怪的。《长生殿》是一部杰出的戏剧……但是，如果能将其中的部分空间用来收入清代白话小说，尤其是18世纪中后期的杰作《红楼梦》（又名《石头记》），那就更好不过了。"译文见陈橙《文选编译与经典重构——宇文所安的〈诺顿中国文选研究〉》，第61—62页。史景迁同时指出："如同《红楼梦》有霍克斯的精妙译文一样，《长生殿》同样有优秀的译文，更为值得一提的是，《红楼梦》囊括了最精妙、最有趣而且最富于见识的中文创作，其中描写了中国女性的智识世界，彼此之间的关系以及她们与周边世界的关系。"以上译文见《他山之石——论宇文所安中国古代文学与文论》，第232页。后来，宇文所安发表了自己对《红楼梦》富于个性的见解，也有助于我们理解为什么文选中不收《红楼梦》的缘由所在："《红楼梦》描述的是一个可怕封闭的小世界，也就是大观园。大观园外面，有很多罪恶，大观园里也充斥着暴力、政治、性、阴谋等。很多年轻人就在这个小社会里长大，他们只能选择去适应，有的则无法适应。宝玉最后只好选择出家，离开这个邪恶的小世界。"见陈橙《文选编译与经典重构——宇文所安的〈诺顿中国文选研究〉》，第61—62页。

《红楼梦》的落选，宇文所安也许更多的是考虑基于不同文化阅读心理的因素，即"出于大众阅读的考虑"。而《长生殿》的大篇幅入选，恐怕也与宇文所安"文本家族"的展示观念有关。在"唐朝"部分中，其中一节即为"插曲：唐玄宗与杨贵妃"，这样的编排处理，形成了一个前后呼应的"话语体系（话语系统）"互文体系，也紧密契合着宇文所安"流动的文学史"观。宇文所安对"话语系统"的阐释，见其著作《瓠落的文学史》，第241—243页。张志国《诗歌史叙述：凸显与隐蔽——宇文所安的唐诗史写作及反思》中认为："宇文所安的'文本家族'观念从共诗角度看，无疑深受美国1970年代'文类研究'（genre studies）的影响"，第29页。

① 此处有关寒山诗的入选情况，参考了史冬冬《他山之石——论宇文所安中国古代文学与文论》第245页的有关论述，有关书名的汉译亦采自该书的翻译。

② 史冬冬：《他山之石——论宇文所安中国古代文学与文论》，第244页。

他有关文学惯例的思想即与新批评派后期的代表人物韦勒克、沃伦有关。韦勒克二人认为："（文学史的）一个时期就是一个由文学的规范、标准和惯例的体系所支配的时间的横断面。这些规范、标准和惯例的被采用、传播、变化、综合以及消失是能够加以探索的。"①"文学上某一个时期的历史就在于探索从一个规范体系到另一个规范体系的变化。"②《初唐诗》、《盛唐诗》中，宇文所安就运用了这种理论来探讨文学史的演变。对于王维诗的文学史意义，宇文所安曾说："对于王维一类大诗人，惯例是诗人可以用来产生个性的'语言'，诗人可以使用惯例，也可以避免它，或把它改造成某种个人的东西，但诗歌惯例始终是赋予所有变体意义的重要标准。"③

《辋川集》之所以入选《诺顿中国文学选集》，宇文所安归纳认为，一是形式的新颖："《辋川集》的形式是新颖的。两位诗人（按：指王维及其诗友裴迪）依次处理了一组拟定诗题，这些诗题以别业的各个景点为描写对象，合起来则构成对全景的有计划游览。到了8世纪后半叶，这一集子获得巨大的成功，成为许多后出绝句组诗的模式，其中包括中唐诗人韩愈所作的一组诗（10840—60）。在审美感觉和思想情趣上，王维和韩愈的分歧几乎超出了所有唐代诗人；韩愈对《辋川集》模式异乎寻常的折服，在一定程度上说明了它那巨大的影响力。"④而其形式的新颖，具体表现在"其绝句组诗的模式"，与8世纪前期与后期的相关文本共同形成"文本家族"，其理论源于西方的类典型理论（原型理论），类典型理论则渊源于英籍奥地利哲学家、数理逻辑学家路德维希·维特根斯坦（Ludwig Wittgenstein）后期哲学的"家族相似性"（family resemblance）理论。二是《辋川集》作为一个自足的整体，宇文所安捕捉到其中的"两大主题：村俗性（rusticity）和神性（divinity）"⑤。在细读文本的基础上，宇文所安意识到，《栾家濑》、《孟城坳》、《南垞》、《茱萸沜》、《鹿柴》中"濑"、"坳"、"垞"、"沜"、

① ［美］韦勒克、沃伦：《文学理论》，三联书店1984年版，第306页。
② 同上书，第307页。
③ ［美］宇文所安：《盛唐诗》，贾晋华译，三联书店2004年版，第211页。
④ 同上。"其中包括中唐诗人韩愈所作的一组诗（10840—60）"中"（10840—60）"引用有误，应作"（18040—60）"，见［日］平冈武夫、市原亨吉、信井清《唐代的诗篇》第一册，李庆译，上海古籍出版社1991年版，第562页，韩愈原诗歌总题为《奉和虢州刘给事使君三堂新题二十一咏》。
⑤ ［美］宇文所安：《学会惊讶：对王维〈辋川集〉的重新思考》，载赵敏俐、［日］佐藤利行主编《中国中古文学论文集》，学苑出版社2005年版，第731页。

"柴"的选用,"这种有意为之的村俗语言是前所未有的"。① 更为重要的是,将王维诗中的"华子冈"、"斤竹岭"、"文杏裁为梁"等放入"话语体系"② 的系统中分析,组诗的精妙之处就昭然可见了:"这两种主题在隐士的形象里得到连接,因为从传统上来看,隐士可以成为农人,也可以成为神仙。在写到农人的时候,王维用到他们的语言;在写到神仙的时候,他则用到《九歌》的典故。"③ 若从"有机整体"④ 的角度出发,《辋川集》的文学价值就凸显出来了:"相对于其他文本在修辞方面的豪华和实际生活中的奢侈,《辋川集》在修辞上非常俭省朴素。乡居与神性的主题都还是保存了下来,但是它们被安置于视线所及之外,无论正在消失,还是即将消失。"⑤

二 翻译策略的价值

翻译对于文学的域外传播(也包括一个国家或地区之内不同语言间的传播)关系至为重要。很长一段时间里,中国文学界特别是文学评论界将中国现当代文学家的一些优秀作家未能获得诺贝尔文学奖的原因,归结为中国文学西方译介的相对滞后,这也许并非事实的全部,但却道出了事情的绝大部分真相。莫言获得 2012 年的诺贝尔文学奖,离不开美国汉学家兼翻译家葛浩文的翻译。葛浩文的翻译在西方首屈一指,自从 1988 年葛浩文来中国开始翻译莫言的长篇小说《天堂蒜薹之歌》,到 2012 年,葛浩文为西方英语世界共翻译了莫言的七部长篇小说。学者王宁曾就文学的翻译与其他区域的流行和传播、接受发表过以下看法:"优秀的翻译可以促进一部文学作品在不同的语言文化中的经典化过程,反之,拙劣的翻译则有可能使得本来已列入经典的优秀作品在另一种语言文化中黯然失色甚至被排除在经典之外。"⑥

---

① 〔美〕宇文所安:《学会惊讶:对王维〈辋川集〉的重新思考》,第 729 页。

② 同上书,第 731 页。

③ 〔美〕宇文所安:《瓠落的文学史》,第 241 页。

④ "有机整体"的概念见美籍英裔的新批评派鼻祖艾略特(T. S. Eliot)《传统与个人才能》(李赋宁译)一文中:"我曾试图指出这首诗和其他作家写的另一首诗之间关系的重要性,并且提出把诗歌看成是以往所有被写下来的诗歌所组成的有机整体的这一概念。"载罗伯特·哈钦斯、莫蒂默·艾德勒主编《西方名著入门》(第 4 卷),商务印书馆 1995 年版,第 489 页。

⑤ 〔美〕宇文所安:《学会惊讶:对王维〈辋川集〉的重新思考》,第 731 页。

⑥ 王宁:《翻译文学的文化转向》,清华大学出版社 2009 年版,第 51 页。钱锺书曾就巴金小说的翻译质问过瑞典汉学家、诺贝尔奖评委中唯一深谙中国文化、精通汉语的汉学家马跃然(Goran Malmqvist):"巴金的书译成那样,欺负巴金不懂英文是不是? 那种烂译本谁令给奖? 别的国家都可以用原文参加评奖,有这道理吗?"见张建术《魔镜里的钱锺书》,原载台湾《传记文学》1995 年第 1 期,收入罗思编《写在钱钟书边上》,文汇出版社 1996 年版,第 167 页。

　　《诺顿中国文学选集》堪称中国文学编选和翻译的典范之作。宇文所安以一人之力编选和翻译了《诺顿中国文学选集》的绝大部分作品，其学贯中西的良好文学素养，敏锐超拔的文学感受力①，使他的中国古代作品有着不同于以往译作的鲜明特色。这一切离不开宇文所安在中国文学翻译方面的努力："译作之间互为关联互为抵牾：我试图创造一个充满差异的复杂家族，这些差异不仅互相呼应，而且还能创造出一些由良好的中文读者感受到的差异。翻译中文的译者常常创造出他们自己心目中的作为一个整体的'中国'文学，使之与英语文学相对立，或者提供这种对立的可能性。这种让人难以捉摸的'中国性'是传统的中国读者完全无法理解的素质。在他们的文学中，他们感受到的差异来源于时代、文类和风格的不同，尤其是个性的差异。作为一名译者，我确信这些作品中的'中国性'会自我显现：我的任务只是找到合适的词语把握住充满差异的家族谱系。"②

----

　　①　Stephen Owen，*An Anthology of Chinese Literature*，*Beginning to 1911*，p. 13，译文见陈橙《文选编译与经典重构——宇文所安的〈诺顿中国文选〉研究》，第 73 页。

　　②　"欧阳桢将英语世界中翻译中国文学的译者分为两大类：一类是以韦利和庞德为代表的'中国化的西方人'（sinicized Westerners），一类是以刘若愚、刘殿爵、柳无忌、罗郁正为代表的'西方化的中国人'（westernized Chinese）（Eoyang，1993：6）。第一类译者虽然熟知中国文化，却保持了典型的英美人的特征，他们的译作面向的读者几乎都是不懂中文的西方人；而第二类译者虽然长期浸淫于西方世界，骨子里却根植于中国传统，他们的译作面向的读者要复杂得多，包括三种类型：不懂中文的英语读者；懂中文（或正在学中文）的英语读者；说英语的中国读者。因为要兼顾到三方的读者，所以第二类译者的译作面临更大的挑战与困难。"见陈橙《文选编译与经典重构——宇文所安的〈诺顿中国文选〉研究》，第 180 页。

　　一个不可否认的事实是，在笔者看来，宇文所安似乎很难归入"中国化的西方人"。在欧阳桢的研究中，"以第二次世界大战为分界线，将汉诗英译的历史大致分为两个阶段。那之前的翻译家以韦利和庞德为代表，他们是'中国化了的西方人'，尽管他们努力探寻并传达中国古诗的精髓，但是在翻译过程中，还是坚决地保留了英美文化特征，他们的译文在西方产生了很大的影响。庞德译的中国古诗有时距原诗很远，但却受到西方读者的喜爱和评论家的关注。"见朱徽《中国诗歌在英语世界英美译家汉诗翻译研究》，上海外语教育出版社 2009 年版，第 261—262 页。"坚决地保留了英美文化的特征"，也许如论者论及阿瑟·韦利译文时所言："以西方价值观为评判标准"（"中文摘要"，第 1 页）、"深受母语文化的影响，韦利始终以英伦文化为文化的参照系，以至其对诗人的理解出现了较大的偏差。"（"中文文摘"，第 5 页）见冀爱莲《翻译、传记、交游：阿瑟·韦利汉学研究策略考辨》，博士学位论文，福建师范大学，2010 年。

　　庞德的汉诗英译，一方面存在以上问题，另一方面则与其中文素养、翻译理念有关，可参见第 42 页注释②的有关资料。宇文所安的中国古代文学作品翻译，不能说没有瑕疵与误译，但这与文化差异却甚少关系。他出色的译文与其对中国文化的熟谙有关，但更重要的是，他想通过自己的翻译，为西方世界提供真正的中国文学是什么样的。建立在文本细读基础上再加上恰如其分的翻译策略的选择，是保证其译文较少瑕疵与误译的重要原因。对于翻译，宇文所安也发表过以下独特的见解："中国现在花了很多钱，用于中国译者将中国文学译成英语。但是这是行不通的。没有人会去读这些译本。中国可以更为明智地运用资源和财力。就算我的中文再好，我也不能很好地（转下页）

正视不同文化之间的差异，而不是以简单化和模式化的方法看待处理文学翻译，是宇文所安不同于其他大多数中国文学翻译者的地方。很长一段时间，英语世界的许多译者大多沉迷于中国文学的"中国性"，当然，这与他们对中国的认识有关。在他们的心目中，中国是一个遥远而带有神秘色彩的国度，庞德等人的中国诗歌翻译就体现了这一特色。庞德等的诗歌翻译，客观上推动了诗歌流派意象派的流行，但对中国诗歌的翻译却不免有歪曲与误译之处。需要说明的是，这些歪曲与误译，很大一部分是可以避免的。①

（接上页）将英文译成中文。译者必须译入母语，而绝不能从母语译出。"（英文原文见陈橙《文选编译与经典重构——宇文所安的〈诺顿中国文选〉研究》第 204 页，译文见该书第 181 页。）"没有人去读这些译本"，应该更多的是着眼于西方世界的读者，这与西方汉学界对顺译（direct translation，西方翻译理论界习惯上称外语译成母语的方式）的提倡有关，其代表性人物为葛瑞汉。葛瑞汉等人主张汉籍的英译，只能由英语译者（以英语为母语）译入而不能由汉语学者译出，宇文所安的上述观点就是这种主张的直接反映。宇文所安此处强调的，也许与翻译的归化有很大的关系。依笔者之见，所安的话还是有些道理的。记得笔者当年编写《诵故事学汉语》时，在审查样稿时，曾有美籍华裔学者对其中所附古诗许渊冲的译文提出异议，其观点大意是对学习汉语不超过三年的中高级程度的留学生来说，许先生那些优美、典雅的英译古诗词作品对其理解汉语原文提供的帮助，其作用是非常有限的；言下之意，许先生的那些译作，其适用对象应该更多是面对懂得英文的中国读者。江枫曾在《诗歌翻译：形似而后神似———点非常必要的常识》一文中对许渊冲先生类似上述特点的译诗提出过质疑，见江枫《江枫论文学翻译自选集》，武汉大学出版社 2009 年版，第 151 页。另外一种经验性的感觉是，中国人在学习英语时，往往觉得英译汉的难度远远低于汉译英，也许可以支持葛瑞汉的观点。

① 对于此类诗歌翻译的实质，韦努蒂曾指出："那些相当固定的翻译模式为外国文化创造了一套固定不变的形象，将那些不能服务于本土目的的价值观、论争和矛盾排除在外。"Lawrence Venuti：The Scandal of Translation：Towards an Ethics of Difference，London & New York，Routledge，1988，p. 67，译文见陈橙《文选编译与经典重构——宇文所安的〈诺顿中国文选〉研究》，第 74 页。陈书对史奈德的英译王维诗有以下评价："如史耐德对王维《鹿柴》诗的翻译，达到一种'陌生化'的效果，即所谓的'创意英译'，是美国 20 世纪六七十年代翻译中国古典诗歌十分流行的方法，绝大部分译文看起来都像意象派延伸的现代英诗。"见该书第 146 页。

20 世纪的一段时间内，中国古典诗歌的译介，极大地促进了美国"新诗运动"的开展："如果目前这个诗派指新诗运动在历史上作为一个'文学运动'，而不是一个'实验'延续下去，那么许多功劳应归于（中国）这个最古老的文明大师，它正默默地教我们如何写诗。"引自赵毅衡《远游的诗神 中国古典诗歌对美国新诗运动的影响》，四川人民出版社 1985 年版，第 10 页。原文见 Joseph Washington Hall（约瑟夫·华盛顿·霍尔）：The Pacific Influence in American Poetry，Anthology of Magazine Verse，1926，p. 153。

庞德和王红公的中国诗歌英译，与史耐德有着较大的差别："艾兹拉·庞德与王红公都对中国古典文学深感兴趣，他们英译的中国古典诗也脍炙人口，在英语世界历久弥新。但是这两位的中文成就都不高，不能阅读中文书籍，只能用汉英字典逐字查，来了解一些字句，他们也曾与几位中国友人合作翻译。史耐德则不同，他要学就追根究底地学，决定要学禅就远赴日本到京都的禅寺中追随日本禅师学，与其他日本弟子一同学习。要学习中国古典诗就找到在美国的重要汉学家，加大伯克莱校区的陈世骧教授，正式注册选研究所的课学习，因此他对中国古典诗的了解比其他美国诗人深入。他翻译中国诗歌时，也是在陈世骧的指导下根据原典翻译，因此对中国原文的理解也相当

　　与之相应，英国汉学家葛瑞汉（Angus Charles Graham）就曾宣称，中国古诗可以译为一种"文学洋泾浜语言"（literary pidgin English）①，自从20世纪20年代英美现代派诗歌兴起后，中国诗歌的英译就有趋向于"中式英语（Sino - Englishi)"② 的潮流。这种"中式英语"，当然是以西方文化的心态统摄中国文学创作的结果。对"中式英语"产生的文化根源与心理动机，欧阳桢先生曾一针见血地指出："翻译应该像旅行一样，遵循一定的伦理规范。译者不能为了吸引读者而故意歪曲原文形象。在翻译中，读者常常会发现许多人为的充满异国情调的事物，这是译者为了吸引读者注意而故意夸大差异性。将中国文学译为附庸风雅的洋泾浜英语，或是译为伪意象诗歌，就像是在国际市场上叫卖媚俗的艺术品。而贩卖文化纪念品似乎在暗示，真正的本土产品对于外国人来说要么平淡无味，要么难以接近。"③

　　"如果美国人懂一点唐诗，也许中美之间会多一点了解"，这是宇文所安说的一句流传颇广的名言，道出了宇文所安对中国文学研究的深刻认识。其中所说的"了解"，在宇文所安看来，不仅是出于研究的需要，而且是人生自我塑造的需要："在唐代或者宋代，政府官员都是要从读文学开始的。往日的英帝国要训练自己的官僚，也是要从拉丁文和希腊文开始学习的。我们现在的人文学科已经变成一门很特别的学科了，但是我觉得一种比较广博的教育对于政治家、教育家、医生、律师等都是很有好处的。哈佛的本科生毕业之后，可能会选择比较专业的职业，可能是医生、律师或者别的职业，然后干一辈子，所以在大学期间，是他们接触文化、文学更广博的知识的最好时期，这是最好的一个思考的时期，不仅仅是中国文学，整个人文教育在

────────────

透彻。"（钟玲：《美国诗与中国梦：美国现代诗里的中国文化模式》，第118页。）尽管如此，史耐德诗歌翻译中西方文化心态的特色还是很明显的："寒山诗的自然环境是崎岖孤寂的，但绝对没有敌意与暴力的程度，而史耐德诗中的自然却是严苛的，具侵略性的，及对人有敌意的……简而言之，史耐德把寒山安宁与镇静的心境换掉了，用一种人与大自然敌对的心境来取代，而这种心境必然是源自他自己在山中的经验。无论史耐德在1950年代与禅宗有多深刻的呼应，他仍然有一种抗争的感觉，而这种感觉是源自西方传统的心态。"（钟玲：《美国诗与中国梦：美国现代诗里的中国文化模式》，第118页。）

　　①　Graham. A. C. Poems of Late Tang. Penguin Classics, 1977, p. 24.

　　②　宇文所安将翻译中的"中式英语"称为"中式翻译语言"。中国古诗英译中单一而标准化的"中国性"还表现在"戏仿中国诗"的现象，可参看陈橙《文选编译与经典重构——宇文所安的〈诺顿中国文选〉研究》第74页注释①。

　　③　Engene Chen Ouyang and Lin Yao - fu eds. The Transparent Eye: Reflection of Translation, Chinese Literature, and Comparative Poetics, University of Hawaii Press, 1993, p. 69. 译文见陈橙《文选编译与经典重构——宇文所安的〈诺顿中国文选〉研究》，第161页。

大学都是很重要的。"① 他对中国古典文学翻译采取审慎、严肃的态度，也与此相关。

宇文所安的中国古典（包括文论）文学翻译，不但面对的是西方英语世界的读者，而且没有忽略数量庞大的中国读者，即如上文所言，译作创造的"充满差异的复杂家族"仅仅是其一面，更重要的是"能创造出一些由良好的中文读者感受到的差异"。这种意识是建立在宇文所安对中西诗歌创作主体的不同认识上，他曾表示："西方的现代诗有这样一个特点，就是诗人站在一个特别的、与人群分离的地方讲话，譬如站在一个台上，对着黑压压的人群朗诵；但中国的古典诗里有更多人与人的交流，是一种社会的人与人之间的关系。"② 对于中国传统诗歌的翻译，宇文所安也有自己独到的看法："很多人问我如何翻译中国诗，如何才能翻译好？我想来想去，觉得这是一个很难回答的问题。我的回答是很不现实的——如果想翻译好中国诗，就必须把所有的、全部的中国文学翻译过去。我认为中国诗歌不应该孤立来看，不同的文学样式应该是相互冲击、相互激发的。中国诗歌或者中国戏剧等，并非在一个真空中产生。我们知道，一个人可以既写诗又写词，到明清时还能写白话小说，所以各种各样的文学题材、方式是互相冲击的。并且文学史是有连续性的，《诗经》中的一个词在唐诗中可以用作典故，在清诗中依然出现，要清楚这个词的分量，就需要知道整个中国文学传统。"③ 在文学传统中把握文学，在具体的历史语境中去还原文学作品，是宇文所安文学研究的重要特色，具体表现就是文本家族的构建和文本细读的研究方法，这在宇文所安的作品翻译中都有非常明显的反映。

对于自身的中国文学译介，宇文所安有着清醒的认识，他将自己的身份界定为学者型译者，而有别于以"创造"为主的文学型译者："学者型译者与文学型译者差别的本质并不在于译文的文学质量，两者的佳作都可以同样出色。但是文学型译者拥有更大的自由，与其说他们是读者，不如说他们是诗人。即使是读者，他们也是作为一个诗人带着自己的目的在阅读。而学者型译者则困于作为读者和作为诗人的两难处境之中，他们必须牢记原诗的声音，并因此常常不得不放弃一些富于灵感的词句。对于学者型译者来说，翻

---

① 罗敏：《懂点唐诗，多点互相了解》，《第一财经日报》（上海）2007 年 11 月 9 日。
② 宇文所安、田晓菲：《换个口味看中国》，载李宗陶采写《思虑中国》，新星出版社 2009 年版，第 153 页。
③ 王寅：《"如果美国人懂一点唐诗……"——专访宇文所安》，《南方周末》2007 年 4 月 4 日。

译的每一首诗并非独立存在，而是存在于千万首诗歌的历史之中，存在于整个文学传统背景之中。文学型译者常常宣称，他们的首要目的是创造出一首好的英语诗歌，这里的'好'是将他们的译文放在英语诗歌的家族背景中进行考量。而对于学者型译者来说，'好的翻译'的'好'在于与原文的'好'相似，再现原文的风格与特质。"① 如何"牢记原诗的声音"，一个重要的前提就是翻译解读前的文本细读。

文本细读是宇文所安唐诗史及文论研究的显著特色之一，这在《诺顿中国文学选集》中也有非常突出的体现，例如《莺莺传》及李清照《金石录后序》的翻译。与韦利（阿瑟·韦利）"更多的是关注目的语文化以及原文的道德训诫色彩"② 不同，宇文所安的《莺莺传》译作，"不仅保存了原文独特的风格，还具有高度的文学性，忠实而典雅"，之所以达到了完美的翻译效果，在于"宇文所安通过各种翻译手段，结合其对《莺莺传》的学术研究，将这样一个富有艺术张力的莺莺呈现给英语读者"。这种结果的出现不是偶然的，与宇文所安中国文学研究过程中惯有的问题意识有关："宇文所安将《莺莺传》视为唐代'最具有问题性'的叙事作品，诠释话语的冲突弥漫在整个故事之中，尤其是莺莺这个角色。"③

而《金石录后序》的文本细读特色，则表现在译文中"通过文中人称代词的模糊变化来捕捉行文语气的微妙变化"，是宇文所安在想象中

① 陈橙：《文选编译与经典重构——宇文所安的〈诺顿中国文选〉研究》，第113页，原文见 Stephen Owen: Reinventing a Literature for BU Translation Seminar，1992。钟玲就学者型译者与文学型译者的问题论述如下："我把庞德、韦理（按：即韦利）、宾纳、雷克斯罗斯等翻译的中国诗歌称为'创意翻译'，有别于以学术研究为目的而译的诗歌。后者的译者绝大多数是在欧美各大学东亚系任教的教授。"见钟玲《美国诗与中国梦：美国现代诗里的中国文化模式》，第34页。"常常不得不放弃一些富于灵感的词句"的例证，可参见陈橙《文选编译与经典重构——宇文所安的〈诺顿中国文选〉研究》第113页所举例证，这与宇文所安的翻译宗旨密切相关："从那些优雅的译文中，你有时只能得到一个相当粗浅的印象。在中文里原本深刻和精确的观点，一经译成英文，就成了支离破碎的泛泛之谈。""多数情况下，我宁取表面笨拙的译文，以便能让英文读者看出一点中文原文的模样。这种相对直译的译文自然僵硬有余，文雅不足；但是，对于思想文本，尤其是来自中国的思想文本，翻译的优雅往往标明它对译文读者的概念习惯做了大幅度让步。"见［美］宇文所安：《中国文化：英译与评论》，王柏华、陶庆梅译，第14页。学者型译者在传播异质文化中的意义，参见章方《学者型译者在翻译中的跨角色互动》，《北京邮电大学学报》（社会科学版）2007年第4期，第59—64页。

② 陈橙：《文选编译与经典重构——宇文所安的〈诺顿中国文选〉研究》，第139页。

③ 同上书。宇文所安、海陶玮（其《莺莺传》译文收入梅维恒《哥伦比亚文选》）、韦利等人《莺莺传》译文特色的比较，见陈橙上引书，第131—140页。

重构文学作品写作语境的又一次大胆而极为成功的尝试。而收入梅维恒《哥伦比亚文选》中著名作家林语堂的译文，略去了一些有助于"探究作者当时的心理状态和可能发生过的生活与历史真实"的重要细节。忽略细节问题的做法，是文学批评上一体化倾向的一种"聪明"的选择，原因就像宇文所安所说的："人们在读这篇文章（按：指《金石录后序》）以前，就已经读过她的词，对这一恩爱夫妇有了许多假定，然后，再读另外的东西时，只是来确定这种假设。"① 林语堂译文对有关细节的省略，正是这种阅读思维定式影响的产物："可以大胆推测，林语堂对这段话的删译是有意为之，目的在于掩盖那些不利于表现李清照夫妇和睦生活的情节。"② 宇文所安的译文，一定程度上是对文学批评一体化倾向的一种冲击。

有学者指出，不管在汉学研究还是在文选编译中，宇文所安都"重在打破传统固有的、被视为理所当然的成规惯例，以一种富于冒险精神的想象与大胆尝试再次激活文本，充分发掘出文本中的历史内涵和持久意义"③。宇文所安对王国维《浣溪沙》"本事新词定有无"一词译介的用心，曾引起学者孔慧怡（Eva Hung）的质疑。王国维这首词是收入《诺顿中国文学选集》的最后一首作品，原词如下：

　　　　本事新词定有无，这般绮语太葫芦④。灯前肠断为谁书？

---

① 张宏生：《"对传统加以再创造，同时又不让它失真"——访哈佛大学东亚语言与文明系斯蒂芬·欧文教授》，第 115 页。

② 陈橙：《文选编译与经典重构——宇文所安的〈诺顿中国文选〉研究》，第 153 页。余光中《论中文之西化》一文中曾将《史记·李将军列传》"广出猎……终不能复入石矣"一段文字与斯坦福大学教授 Burton Watson（伯顿·沃森，亦译作华兹生或华生）的英译加以对比，证明在中文里隐含（性）的因果关系到英文里变成显性，其语法程度超过中文许多。见余光中《分水岭上》，台湾纯文学出版社 1981 年版，第 115—116 页。

③ 王晓路、史冬冬：《西方汉学语境中的中国文学阐释与话语模式——以宇文所安的解读模式为例》，《中外文化与文论》2008 年第 15 期，第 66 页。

④ "这般绮语太胡卢"为《人间词·乙稿》中的文字，刊载于光绪三十三年（1907 年）《教育世界》丁未十月上旬第 161 号中，《海宁王静安先生遗书》该句作"斜行小草字模糊"，见王国维《海宁王静安先生遗书 13》，长沙商务印书馆民国二十九年（1940 年）版 "胡卢"，《文选编译与经典重构——宇文所安的〈诺顿中国文选〉研究》误作"葫芦"，其中对宇文所安的译文还提出了以下商榷："从词义的准确性来说，译文又两处值得商榷。一是'葫芦'，表示糊里糊涂、不十分清晰的意思，是指词人所写之作极为幽微隐约，使人难以明白其中的真实所指。宇文所安以 'make you want to laugh'（令你发笑）译'葫芦'之意，不甚准确。'背灯'表示转过头背着灯的意思（可试译为 'with my back to the light'），而非译文中的'熄灯'（turn off the light）。"见该书第 119—120 页。

隐几窥君新制作，背灯数妾旧欢娱。区区情事总难符。

宇文所安翻译王氏《浣溪沙》词如下：

Does something real lie behind
the words in your new songs?
Fancy phrases such as these
can make you want to laugh.
'Broken – hearted in lamplight' —
now who did you write that for?
I lean on the desk and peer around
at recent compositions,
then turn off the light and reckon up
joys known in the past—
trivial passions of the heart,
and nothing corresponds.

孔慧怡认为，王国维词中的角色，"君"应是写词的人，"妾"是读词的人，宇文所安译文之失，是将词中"君"与"妾"的交流变成了词人与另一个自我之间的对话，要准确传达词意，就要恢复词中叙事者的女性视角与身份。于是，孔慧怡将宇文所安译文后半部分作出轻微改动如下：

Stealthily I look at this new poem
from behind this desk,
then with my back to the lamp reckon up
the joys we've had together
small pleasure of the heart
but nothing corresponds.

孔慧怡进而认为宇文所安对译文处理的目的是出于"要利用这首词来为整个中国古典文学传统划下一个休止符"，"为了达到这个目的，他事实上却把这首词完全改头换面了"。① 陈橙对孔慧怡的观点作出如下回应："宇文所安的确是利用这首词为他的整个选集画下休止符，但是他的译文并未将原作完全改写。""反而是在忠实传达原文意义的基础上，更深层次地挖掘出原文的内涵。"② 平心而论，孔慧怡的质疑不无道理，但考虑到词自身的创作特质③，宇文所安的译文倒显得别出心裁，他对词的象喻含义的理解，与叶嘉莹先生的解读不期暗合，也是他良好的中文素养的又一次展示。

三　结语

20 世纪 80 年代以来，全球化的趋势越来越明显，中西方的交流、对话与文化融合成为不可阻挡的趋势。在这个过程中，中国文化不免受到西方文化的影响，因此，研究西方为中国文化提供了一个绝佳的观照视野："如今，中国西方已不再是两个对立的概念。单就中国这方面而言，'西方'早已内化作 20 世纪中国思想文化有机体的一个部分。一个纯粹的文化'中国'概念，只能是自慰自欺的幻觉。因此，我们认为，研究西方同时即是对我们自身的一种特殊的省察和解剖。"④ 同样，在文化的相互交融中，中国文化对西方文化的影响也是不言而喻的。然而，相对于西方文化的中国译

---

① 陈橙：《文选编译与经典重构——宇文所安的〈诺顿中国文选〉研究》，第 120 页，孔慧怡原文（Eva Hung：Book Review：*An Anthology of Chinese Literature*，*Beginning to 1911* by Stephen Owen：）见 Translation & Literature，Vol. 7，No. 1，1998，p. 123。孔慧怡"休止符"云云，是指宇文所安对引王国维《浣溪沙》"本事新词定有无"的解析："将这首词作为中国古典文学的尾声十分适合。王国维是一位现代诗人，熟知西方思想和西方文学，却以古诗词的形式写作。自古以来，各式各样的诗歌就是为了表达诗人内心的感受。但是在这一刻，当王国维回首检视自己的诗词时，发现它们不过是一堆文字、陈词滥调而已，再也不能表达他真正的感受。如果旧体诗词不再足以表达中国现代作家的意识，那么从这首词来看，它却足以宣告其自身的失败。"见陈橙《文选编译与经典重构——宇文所安的〈诺顿中国文选〉研究》，第 121 页，原文见 Stephen Owen：*An Anthology of Chinese Literature*，*Beginning to 1911*，p. 1152.

② 陈橙：《文选编译与经典重构——宇文所安的〈诺顿中国文选〉研究》，第 120 页。

③ 叶嘉莹先生对这首词有如下解读："这一首'本事新词定有无'的《浣溪沙》词，其所蕴含的却并非王氏词中所习见的有关人生的情思与哲理，而乃是一种关于创作上的反思和体悟。"（第413 页）"这首词中所写的'君'与'妾'表面虽是二人，然而却实系一人，写之'君'是我，窥词之'妾'也是我，还有背灯计数欢娱的，也仍然是我。盖以一般作者在写作之际，往往同时也有另一个我在观察和批评。而自我观察和批评的结果，则往往会觉得自己所写的未能将真正所感的加以充分适当的表达。"（第 417 页）见叶嘉莹、安易编著《王国维词新释辑评》，中国书店 2006 年版。对这首词的内涵还有不同的解读，分别见陈永正校注《王国维诗词全编校注》，中山大学出版社 2000 年版，第 392 页；王国维著、郑小军《谁道人间秋已尽：人间词·人间词话》，人民文学出版社 2009 年版，第 101 页。王国维的创作背景，可参考李晓华《人间总是勘疑处——现代转型期文论经典〈人间词语〉的写作》，第 82—153 页的相关内容。

④ 金惠敏主编：《西方思想家研究丛书》，湖南教育出版社 1999 年版，"丛书总序"，第 1 页。

介，中国文化的西方译介总有不尽如人意的地方，葛兆光先生就曾提到：
"最近读吉登斯（Anthony Giddens）的《民族—国家与暴力》（*The Nation –
State and Violence*），凡是读到与中国有关的段落，总不免多看上几眼，当
然，这是因为自己关心的面向是中国思想文化的缘故，遇到西洋、东洋人的
书中有讨论中国事情的，总是格外留意。吉登斯在这本书中多次提到中国，
想来是讨论全球问题与普遍理论的西方学者视野中，已经有了'中国'的
存在，尽管他们常常是带着西方人的居高临下，或者是把中国作为映射自身
的'他者'（the other），不过西洋那些顶级理论中，中国总算成了他们叙述
中的世界的一部分，不再是可有可无。不过，当我读到下面一段文字的时
候，却大吃一惊，突然让我起了一个疑问：'他们说的是中国吗？'或者真
的是本书译校者王铭铭所说的，中国只是他们理论书写时的一个'想象'
的异邦。"①

　　西方汉学界对中国的误读，有意识形态方面的影响，有些则是资料来源
和处理的问题。有鉴于此，将真正的中国文化译介给西方世界，就显得极为
必要，在这一方面，宇文所安有着得天独厚的条件，他在一次采访中对自己
肩负的文化使者的重任表达了明确的看法："在美国，他们说我代表中国；
而在中国，我代表的是西方。但事实上，我所看到的是，西方越来越像东
方，东方也越来越像西方……全球化已经到来，就像天要下雨那样，不管你
是否愿意，我们没有力量阻止文化融合的趋势。"②《诺顿中国文学选集》的
编译，就是中美文化融合的一次积极尝试，扩大了中国古代文学经典在英语
世界的影响，确立了汉诗英译的世界经典地位，学者朱徽曾表示："宇文所
安编译的《诺顿中国文学选集》选入具代表性的中国古代诗人及其作品，
使大量英译汉诗首次被置于与西方经典文学并列的地位。他的中国古代诗歌
英译作品，还被收入多种经典文学选集如梅纳德·迈克（Maynard Mack）
主编《诺顿世界文学杰作选集》等。"③

---

① 葛兆光：《缺席的中国》，《开放时代》2000 年第 1 期。
② 樊丽萍：《宇文所安：从唐诗中读出别样韵味》，《文汇报》2009 年 4 月 20 日，第 8 页。
③ 朱徽：《中国诗歌在英语世界英美译家汉诗翻译研究》，第 282 页。

试谈汉学对于留学生中国语言文化教学的意义

许文军①

【摘要】本文试图对留学生教学当中中国文化内容的介绍提供一种较新颖的方法，即推荐和指导留学生们阅读相关语种的海外汉学著作，使他们获得一种较为亲切和便捷的方式深入了解中国文化，并相应地就选择篇目与背景材料解释提供必要的辅助。同时，本文另外一个用意在于，经由海外汉学著作的推荐与阅读活动，试图在较为严肃的意义上实现对外汉语教师的职业使命。

【关键词】汉学著作；阅读；职业使命

前　　言

本文是一篇关于留学生教学活动里就中国语言文化的学习而提供的一个辅助性的试验方案的研究。说它是辅助性的试验，既指它本身属于就留学生教学当中的非主体性教学内容的某些建议，是对听说读写的语言技能教学的重要参考和补充，也可指它是留学生教学活动里基本没有被尝试过的另辟蹊径。它并不打算对现行的对外汉语教学流行形态表示怀疑，尽管这个通行的内容并不是十分理想的；实际上它属于由于现有的语言技能教学的某些方面的缺陷而产生的某种完善活动。

一　留学生学习状况概述

对外汉语教学除了语言应用技能的培训以外，对其他文化方向如果无所

---

① 许文军（1966—　），男，博士，陕西师范大学国际汉学院讲师。专业方向文学，并扩展到诸多理论学科。多年从事文学、语言、哲学等人文学科的教学工作。

涉猎，那将是令人不能接受的。但囿于现有的留学生实际知识水平与思想能力，以及他们通常所持有的留学中国的具体功利性目的，实在很难把文化内容列入留学生的课堂。这些可能是很不利的事实。至少相比于中国大陆的中学生和大学生来说，留学生们通常缺乏中国大中学生基本具备的知识积累，乃至较为严格的学习方式与思考习惯的训练。由于未加任何知识方面的选择与考核，他们往往以最低的程度进入中国大学；又由于大陆大学生固有的考核指标和学制准同样没有加诸他们身上，或者他们适用的是简化又简化之后的考核标准，所以，使整个留学生的教学水准与实际质量方面，与大陆自己的学生相比，显得十分薄弱。他们固然在思维的活跃性与头脑的自由程度上有着某种优势，但这种活跃性往往极易于转变为浅尝辄止和见异思迁的学习惰性，可以这样说，如果不在课堂上持续刺激和吸引他们的注意力，即使是再重要和丰富的文化课程也不会成功地转化为他们的知识体验。

对于他们的倦怠的态度，我们必须用另外的方式给予更加同情的理解。这些远离祖国文化的孩子置身于异质文化的国度里，他们所面临的文化压力、经济压力，以及未来去向的预期的不确定性，共同构成他们留学生活里需要克服的困难。一方面他们明确知道自己应该更加深入和具体地进入中国生活情境，因为他们明确知道那样会使他们的语言水平与文化的了解获得突飞猛进的提高——至少我们可以在一般意义上这样推定他们的意愿；另一方面，种种不适体验和阻挠又使他们不由自主地倾向于在同胞间结成大小不一的小圈子，在其中延续着他们在自己祖国的生活方式，而且随着对客观生活环境的不适，越发执着其间不肯脱离。所以，你通常可以看到，留学生们虽然身在中国大陆若干年，但实际不过是以虚拟的方式仍然生活在自己的祖国。他们距离中国月亮的距离，未必距离故乡的风土更近。完全破除这个围绕着留学生的虚幻的小圈子，既不可能又不必要；但如果不给自己留出出口，哪怕暂时的出口，不就失去了来异国留学的目的了吗？

二　学科片面化的弊端

如果留学生们把他们的力量几乎全部倾注在语言的听说读写的基本技能上的训练上，那么相比起中国大学生当中以学习外国语言为专业的同类，他们都殊途同归地走进一个窘境。即，人们完全有理由把语言文化这个含糊的称谓所指的那些内容，简单地落实为语言技能的学习，但就像语言学习者通常明确地声称的那样，如果不兼顾文化的层次而孤立地学习语言技能的话，可能在过程中是会失之片面，并且最终将成为单薄的某些语言技术的专家而完全无法也不习惯去体验和理解语言背后的决定性因素。

这正是自席勒到海德格尔和雅斯贝尔斯的大哲们矢志不移地反对的人的片面化倾向。这种专业的区隔和细分固然有其实际的因素存在，使现代大学学习不得不如此精细分科，因而才能深入地学习数量庞大的知识。但专业细分所带来的弊端和危害并不是不值得提及的，也远没有达到可以忽略不计的程度。

单纯把语言学里的较为不重要的应用技能作为语言的重要功能，即语言不外乎是一种工具而已，作为语言学习里的一个理由，来支持大学里的人为从文化复合体里割裂出来的语言应用技能的学习和训练，似乎有其道理，但危害不浅。如果语言是工具，那么我们也可以推论说文化也是，进而更进一步推论到一切人造事物都属于工具，最后推论成结果是人自身也是工具，而人们找不到不是工具的事物。所以将语言看作工具的通常观点本身就包含着无法自洽的破绽。且不论语言工具论所包含着的主体、中介、客体的三分法所体验的明显过时的认识论格局，因为如此抽象的刻画本身就已经带有无法自清的循环论证的恶端。人如果能够任意地使用语言工具，那么反过来说语言也未尝不可以任性地使用人。

留学生在迷宫般的中文里所陷入的眩晕与疑惑本身，不正是被陌生的语言所戏弄的表现吗？所以，不管在思想上怎么将思想与思想的外壳分离开来，也不管在具体的学习步履上如何能够清晰地把语言与文化区分开，我们确认思想文化与语言作为密不可分的同一个事物，看来不会有任何疑问。

但是在具体操作程序上说，文化类的课程所面临的尴尬让任何一个任课教师感到某种压倒一切的形势。这些文化类课程无非是关于历史、文学、民俗与时事话题，以及其他实践类课程，比如书法、太极拳、民间舞蹈之类。其中后者因为课程性质所定，乐于参与者稍多，但那属于技能类的课程，不在本文所论之列。非实践类的文化类型除了上述的习得困难以外，至少在课堂操作方面会因为其内容的庞杂、繁复，不太具有实习的机会，也往往不具有循序渐进的节奏感，因而使学生左支右绌，应接不暇。所以，任此类课程的教师纵使不断地调动课堂气氛，不断地改进课程的声光电化的生动性和直观性，也往往会因为始终如一的较强的刺激，而使刺激失去了基本的效果。

三　值得推荐的学习技巧

本文所设想的方法得之于笔者偶然的经验。因为需要查阅相关细节，但笔者并不能阅读俄文，所以特就俄罗斯哲学家索罗维约夫所写的关于黄祸的相关片断，请哈萨克斯坦来的留学生查看。他很快就找到网络版的《索罗维约夫文集》，非常愉快地阅读了那一部分，并且约我谈谈读后的感想。这使我若有所悟：提请留学生阅读海外汉学家对于中国文化的研究著作，不正是一个使留学生更加切实和富有把握地感受中国文化的路径吗？①

首先，他们阅读自己的母语或者并无阅读障碍的某种语言，避免了在阅读中文时候的无穷无尽的麻烦。据笔者的了解，留学生当中的优秀者往往也尝试着直接接触中国著作，虽然收获良多，但几乎无限多量的困难和疑惑无处不在地分散和牵扯着他们的注意力，使对于思想与境界的体验与把握很快就变成阅读的附属部分，最后几乎所有的力量都集中在语言民俗及其他一些事物上。如此这般，阅读变得难以持续下去。而请他们阅读原文的汉学著作则完全没有类似的干扰。所以，这确是一个相对比较纯粹的直接触及中国文化的简捷方式。

同样的方式可以将相关的汉学著作推荐给以英语、法语、德语、日语、土耳其、韩语、西班牙和意大利等为母语的留学生，使他们可以较为自在和流畅的形式来理解中国文化。

四　汉学作为留学生阅览对象的可选择的范围

海外汉学是指海外的成色参差不一的学者和其他写作者就中国文化展开的记录和研究文字，它的范围包括所有的知识门类，它的参与者包括从专业研究者到走马观花的旅行者。因此品类芜杂，良莠不齐。在时间上大致以20 世纪中期为界，此前的学术贡献人们笼而统之地名为汉学，此后则改称为中国研究，大概顾忌到古典汉学的学术目的与成果的利用大多深或浅地与政治性意识形态有关，甚至沦为民族主义的帮凶这样的历史形象有所关涉吧，尽管改称为中国研究以后的知识建构也未尝完全失去现实政治的功利性。

出于可以理解的理由，入选留学生阅读目录的海外汉学著作最好以专业的学者，尤其是海外大学里的教师与研究者的著作为主。同时作为推荐教师

① 笔者在参阅见［德］海因茨·哥尔维策尔所著《黄祸论》一书中第121—128 页，转述索罗维约夫的三篇关于黄祸的文章，受到启发。于是请精通俄语的独联体留学生代为查阅索氏文集相关原文，并推荐给他们阅读。《黄祸论》一书中文版由商务印书馆以内部读物的方式于1964 年出版，译者不详。

也必须对海外汉学的总体有一个大致明确的认识。汉学或者中国研究虽然在数量与品类上呈现出蔚为壮观的形势，但相比起西方学对于西方文化的研究来说，则显得在规模方面微不足道。更重要的还在于，海外的中国文化研究在过去数百年历史当中，始终是西学里沉默无闻的旁系支脉，鲜有从业以外的人士问津。近年略有好转，但远没有达到西学里的显学的地步。甚至汉学或者中国研究变成海外大学进入主流排行的标志性东西，成为一所有层次的大学必备的装饰。

指责西方学界坚持自我中心主义也好，指明遥远的东方文明实在对他们构成理解上的技术困难也好，在东方文明还没有成为他们生活里重要的组成部分之前，在西方的中国文化研究就不会成为西学里的压轴好戏。所以，中国大陆的学者对于海外汉学的敏感与关注程度可能远超过西学自身对于汉学的热情，汉学研究者可以在中国大陆以大师身份亲近莘莘学子，而在他们的故乡则无法进入公众的聚焦点。

他们潜在的读者当然设定为西方人，但实际上压倒多数的阅读者却是大陆学子。也唯其如此，中国大陆的学者才更有资格向留学生们推荐汉学家及其著作，因为留学生较浅的阅读经历恐怕很难让他们有机会触及西学里的偏僻冷门的汉学。

在总体的学术旨趣方面亦值得省思。与中国大陆的学术总体倾向相双，西方汉学明显地缺乏某种民族主义的色彩与深情。如果说中国大陆学者多多少少都以弘扬本土文明、重建民族尊严为己任的话，那么西学研究者则完全出于朴素的兴趣、爱好，对于远方异域的好奇猎异，或者干脆是由于学术机缘的阴错阳差，使他们走上的汉学的寂寞孤独之路。当然我们把汉学放到西学的大框架内来看，会将不绝如缕的汉学研究看成西方知识界的某种对比与参照的意识，可以看成是西学的知识人试图通过文明间的对比来深化自我认识，获得理想的吸引，汲取前行的力量。

实际上从莱布尼兹到宇文所安，我们可以看到西方心灵由好奇到欲引介古老的东方智慧来拯救西方之弊，至少是对于自身困惑的解除提供了一种遥远而质朴的哲学外援，虽然并不是所有西学同仁们可以有能力解析他们的建议。一句话，汉学内部并不包含着中国学者通常不缺乏的民族主义之爱，甚至相当的部分并非总是友善的。

另外一个十分重要的特征在于，汉学虽然以中国文化当中的似乎随意选择的部分作为研究课题，但它的思维方法和所在传统的背景则毫无疑问是西式的，也就是说汉学的纯正性就在于用异于中国传统的眼光与认识形式来梳理属于中国大文明范围的内容。这并不仅仅意味着用新瓶装旧酒，更本质的事实是海外汉学不外乎是西学的本体向古老东方的一个延伸，它的初始动机，过程中的细节，以及最后的目的论设置等构成，体现了汉学不过是古老的西方传统学术主体偶然地把异域的材料作为操作规程的主要内容，进行的富有新奇性的尝试。异域的研究对象并不能丧失汉学作为西学的一个组成部分的本质。

五　具体阅读的引导

当然，汉学或者中国研究的存在意义并非为对外汉语学者而设。将汉学引用为留学生学习中国语言文化的有益辅助，是笔者在教学过程中的实验。所以，在推荐篇目与阅读引导方面，就不能任由汉学著作自身主导。

首先在汉学著作语种选择方面比较自由和宽泛。俄罗斯和独联体诸国留学生可以轻易地获得各种俄版本；欧美诸国本身就包含着大量的多语种著作，他们远比亚洲留学生的选择余地要大；日本的汉学研究自不待言，韩越诸语的著作也并不难以寻得。总之，诸语种的汉学著作完全可以提供比较充足的参阅文献资源，基本上不会特别影响到留学生的阅读。对于较小的语种，由于可以理解的原因，可能找不出足够数量的出自该语种的汉学著作，那么我们可以建议这些留学生们阅读英语或者其他语言的著述。

对于题材广阔的汉学著作，选择合适的范围供留学生阅读并非表明留学生们的教师有意识地限制和意识形态式地引导他们，实际上自由的阅读是完全无法规劝和诱导的；出于对留学生的理解水平和理解习惯倾向的考量，更重要的出于对教学的可操作性与考核性要求，教师必须尽量统一和规范化他们的阅读范围、数量与进度；教师需要尽量就某个题材提出相对明确的主题，配合此一主题推荐相关的汉学著作片断，供留学生阅读、思考和体会。其中文学、语言、历史、风俗名物等方面的题材应该优先考虑，政治、宗教和哲学类因为相对较为艰涩而需要择取较为简浅者为宜。

六　对留学生中国文化知识水平的理想描述

应该还有更高层次的要求。笔者曾经教授过中国籍的外语专业学生，比较外籍的中国语言专业留学生，笔者始终感受到单一的语言技能学习之偏颇，以及在某些似乎偶然地呈现出跨文化或者具有开放性的专业学习里，对于文化儒化的特殊优势，因为正是这些跨学科与跨文化的专业领域将具有更多的可能性让学习者切入多种文化的具体交流这一复杂而丰富的世界。从基础的中国语言技能的学习，到中国文化的具体科目的深入，再到步入多文化与多文明的交融与汇聚，也即亨廷顿所声称的"文明的冲突"那个 20 世纪以后的新的思想战场，这应该看成留学生的中国文化之旅的不同阶段的价值序列。令人沮丧的是，至少目前以笔者所在的陕西师范大学国际汉学院来看，我们能够在四年时间里给大部分来自亚洲地区的留学生完成基础的听说读写能力的培训，使留学生们在走出校园的时候不至于口不能言，充耳不闻，只言片语也无法描画出来，就已经是了不起的成绩了。在相当时间内，不会有本质改观。

那么虚幻地刻画对留学生的更高一级的要求是不是太迂阔？问题必须从另外的角度看待。如果我们的对外汉语教师的职责只是止于教授目前水平的语言应用技能，那么可能在教学法上具有值得挖掘的前途与价值，从而使我们的教师在教育学方面取得某些实践性的经验和成就，也毫无疑问可以使原本就持有实用主义态度的留学生们获得某些现成的应用技能——不得不承认，留学生里的大部分其实只不过是想学习一些足够应付较低层次的实际运用能力而已，通常情况下是无意于深入了解文化方面的内容。但对于教师以及更重要的对于教育本身来说，如此这般的偏重技能的培训，在知识的深度与丰富性，以及精神的纯粹性方面则完全谈不上什么职业荣誉。所以，我们应该以最大的耐心和最沉着的期待来准备更高水平的留学生的出现，使我们可以高出目前的技能层次的文化层次上展开知识体验。尽管对此我们并没有十足的信心，但那并不重要，因为即使对外汉语教学永远无缘于文化水准上的教学与展示，那么也不能因此就抹杀我们的教育事业不应该注视这一点，也不能怀疑其他兄弟院校可能做到这一点。

另外，我们在借助海外汉学成果来增加对外汉语教学的教学生动性的同时，当然会意识到一个事实，即海外汉学所取得的成就不能说不显赫，但这些成就显赫的海外汉学家当中越来越多地出现曾经留学，或者游学中国大陆大学和研究机构者，即使在海外取得的中国研究的博士学位者，也似乎越来越严格地被要求必须要具备在中国大陆学界深入交流的学术经历。从来足不及中国，未曾对话于中国大陆学者的海外汉学家，虽然大有其人，但似乎越来越显得不可思议。如果中国大陆的对外汉语教学界的教学与研究工作不能够给海外汉学界以实质性的影响，那将使中外学术陷入隔绝的尴尬境地，而且丧失了中国大陆的留学生教育界原本应该达到的高度。原本最先接触留学生的专门机构，却要在留学生以后更高水平的学习与研究的历程里缺席和失声，这不能不是我们的职业羞辱。一句话，不管是从对外汉语教学的尊严与完整性角度而言，还是从中国大陆学界对海外汉学应该作出的直接贡献来看，客观形势要求我们把留学生教学的目标设定在文化层次交流上；哪怕在相当长的时期内只能使它空虚地漂浮在幻想的空气里，也必须在理论上完整无缺地将一部分刻画出来，将目前的基础的语言应用技能培训内容看成导向更高更富有意义目标的过程中的部分，而不能让语言技能教学成为在原地机械重复的僵化教条。如果通过由教师推荐留学生借助海外汉学著作来学习中国语言文化，进而登堂入室，层楼更上，甚至他们在我们的帮助之下，成为汉学家里的成员，那将是令人惊喜的，但也并非异想天开。也就是说，中国大陆的留学生教学与研究活动如果包含着一个富有学术价值的使命，那么它就完全不能仅仅满足于让留学生们只是能够达到相对自如地应对汉语世界的日常生活与相关的工作，而是要意识到适应某些更高级的知识学贡献，打破海外汉学的自我成长与发展的孤立的模式，用中国大陆的中国文化体验与学术造诣去充实、改善和升华海外汉学的基本构成。在不奢求专美的前提下，把自身的本色理解与洞见，展示给海外汉学同行。如果我们仍然容忍海外汉学界对中国大陆学界的轻视、怠慢和满带不屑一顾的推诿，那么，我们就没有尽到一个中国教师和学者的基本义务。

语言研究

汉语本体知识在对外汉语教学中的重要性例谈

周利芳①

【摘要】 对外汉语教学归根结底是语言的教学。语言教学离不开全面、系统的汉语本体知识。本体知识有助于教学中准确解释词语，抓住教学的核心内容，突出教学内容的准确性和系统性，把握教学的重点、难点等。文章结合实例，分析讨论了本体知识在对外汉语教学中的重要作用。

【关键词】汉语；本体；对外汉语；教学；重要性

对外汉语教学归根到底是语言的教学，这就要求教学者对汉语的内在规律、特点及表现形式有一个系统而全面的了解。在教学中，教学法的重要性毋庸置疑，但如何使教学法发挥作用，收到好的效果，不仅取决于教学者对教学法掌握、运用的情况，更离不开汉语本体知识的指导。也就是说，本体知识是一切教学活动的基础。那么，本体知识在教学中的重要性体现在哪些方面，如何将它运用到教学实践中，下面结合具体实例来谈谈。

一 本体知识有利于解释词语深层次的内涵，使学生更准确地掌握及使用词语

词汇教学是汉语教学的重点，词语解释是对外汉语教师必备的基本功。词语的解释包括意义的解释和用法的说明，相对于意义的解释，我们认为对

① 本文是 2012 年度教育部人文社会科学研究规划基金项目《以汉语教学为背景的现代汉语语篇衔接成分研究》（12YJA740118）的阶段性成果。周利芳（1965— ），女，内蒙古丰镇市人，陕西师范大学国际汉学院副教授。主要研究方向为对外汉语教学、汉语方言。

词语用法的说明更为重要。外国人学习汉语词汇时，常常是明白了词的意义而不会用，或者单个的词义已经掌握了，但用在句子里就感觉不得体或不地道①。原因之一就是教师或学生只重视词语的意义而忽略了用法。留学生在学习词语时，经常通过查英汉词典来了解其意义，而英汉词典只解释词语的字面意义，对词语的用法则说明很少；有的教师在解释词语的时候，也与词典一样，只重视词语的意义，对用法关注得不多。以上原因便可能导致学生"理解"了词却不会使用。因此，教学中应当突出词语用法的介绍，特别是中高级阶段的教学。对词语用法的说明包括对词的语法功能、使用环境、语体色彩、词语的搭配等情况的说明，另外还包括对词语"深层含义"，即"言外之意"的说明。能否将上述内容交代清楚，与授课者对汉语本体知识掌握得是否充分透彻关系密切。例如：在讲解副词"至多"时，首先要讲清楚它的第一个意思：表示最大的限度②，在语义上指向一个数量、时间、距离等，如"我家离学校至多两公里"。但这样解释是不够的，试看留学生的错误用例："这里离东京很远，至多5个小时。"③此例包含两个句子，单独看，每一个句子都没什么错误，但两个句子连用时，就发现前后句义矛盾，原因是学生只知道"至多"的表层意思以及它在句法上的一些特点，如句中需有"数量"，但却没有掌握它的深层含义，即言外之意，就是"把事情往小说、往轻说、往不重要说"，如果教师对这个词的用法掌握得比较全面，在教学中注意说明、强调，讲解意义的同时把用法也讲透，学生就不会或少犯上面的错误。而且这个用法对于扩展学习"至多"的第二个用法——表示最大的可能性，有很好的铺垫作用，如"不交作业至多被老师批评一顿"。

再如，在学习"不外乎"这个词时，教师如果仅仅局限于讲它表示"不超过一定的范围"，相当于"包括"，学生就可能造出这样的句子："食堂的饭不外乎米饭、馒头，你想吃什么随便吃吧。"此句既没有语法错误，似乎也符合"不外乎"的意义，但听起来还是别扭。究其原因，还是学生对"不外乎"这个词的用法掌握得不准确，因为教师只讲了"不外乎"的字面意思，而并没有说明它的语用特点是"把事情往小说、往轻说，往不重要说"，这样看来，学生的句子前后有矛盾，难怪觉得不合适。

---

① 周利芳：《谈对外汉语副词教学中的语境利用》，《语言教学与研究》2002 年第 3 期。
② 吕叔湘主编：《现代汉语八百词》（增订本），商务印书馆 1999 年版。
③ 日本学生课堂练习用例。

上面两个例子有一个共同点，即看一个词是否使用恰当，不能仅仅在句内看，还要往句外看，在语段、语篇中衡量用词的准确性、得体性。同理，解释、学习词语也不能仅仅局限于它在句子中的用法，更不能就词解词。

二　本体知识能使教学抓住核心，引导学生更得体地使用汉语

这一点在语法教学中体现得尤为突出。要把语法讲得清楚、简单，必须要对本体知识有透彻的理解，否则，在教学中就抓不住核心，不能引导学生自然得体地运用汉语。

以存现句教学为例。汉语存现句的结构是：处所词＋动词＋宾语。中国人觉得这是很简单的句子，可是留学生在使用的时候往往采取回避的策略，无论在中介语料库还是在学生平时的练习语料中都很难找到存现句使用的偏误。笔者有一次在课堂上听一位老师讲存现句，她先将存现句的结构特点作了说明，并且进行了板书，然后让学生在固定的格式中做大量替换练习。学生似乎也掌握了该句式的用法。但当第二节课做回顾性复习时，教师出示了PPT 动画，试图引导学生根据情境使用存现句说出"山上下来一个人"，结果学生说出的句子几乎都是"一个人从山上下来了"，因为这是他们熟悉的表达方式。可见教学并未达到目标。究其根本，是因为教学者对存现句深层的结构特点和表达功能了解不深，虽然强调了它在句式上的一些特点，即使花费大量时间和精力反复操练，也只是流于形式。其实，存现句典型地反映了语言的相似性原理①，即句子结构的安排直接反映事件发生的过程。在教学中，如果教师心中有这个知识，就可以引导学生通过观察周围环境的过程，结合其句法结构来开展教学，如"地上放着一张桌子"，可以这样引导学生：当我们观察周围环境的时候，首先会看到一个大的背景，这个背景就是"场所"，然后会看到这个场所里呈现出来的东西，这一观察过程，用一个句子记录下来就是一个存现句：处所词（场所）＋动词＋宾语，类似的句子在具体环境中可以集中造出很多。学生掌握了这个"秘密"，就会毫不费力地一边观察，一边造出存现句，如："教室里坐着许多学生"、"桌子上放着几本书"、"墙上贴着一张地图"等。这种教学方法不仅效果比单纯强调存现句的结构好很多，而且突出了存现句的表达功能，即对客观环境进行描写。教师在引导学生观察中一边说出句子一边板书结构，同时强调它的适

---

① 沈家煊：《句法的相似性问题》，《外语教学与研究》1993 年第 1 期；卢卫中：《语言相似性研究综述》，《外语教学与研究》2011 年第 6 期。

用场合：当对客观环境进行描写时就会用到存现句。这样的教学既抓住了存现句教学的重点，又能引导学生自觉地运用，真正发挥了语言交际功能的作用。

其实，不独存现句如此，汉语的很多句子都既体现了语言相似性原理，又与中国文化的特点息息相关。比如汉语语法重"意合"的特点，造成了汉语特有的"流水句"，连动句、兼语句、连贯复句是其中的典型。此类句式都是按照现实事件的时间顺序、逻辑顺序来安排句子结构，也就是遵守"时间顺序原则"。因此，理论上说，一个句子里可以安排多个连动形式，也可以出现连动句和兼语句套合使用的形式，而且兼语句、连动句中间用逗号隔开，就是一个连贯复句，这体现了中国人的思维和文化特点对汉语句法的渗透。如果教师具备这些本体知识，就可以在教学中很好地利用它提高教学的趣味性和有效性，这样的教学效果远远优于只利用句法形式来让学生填充词语的教学，也能最大限度地激发学生自觉表达的欲望。

三　本体知识使教学内容更准确，避免用"这是汉语的习惯"来搪塞学生

在对外汉语教学中，当学生问"为什么"时，有时教师不能合理解释，往往笼统地用"表示强调"或"这是汉语的习惯"来搪塞，作为一个合格的教师，这是最忌讳的做法。教师如果对本体知识有比较透彻的掌握，就有可能作出符合事实、简明扼要的解释，避免误导学生（当然，即使汉语研究专家也有回答不了的问题）。比如，汉语的形容词谓语句，特别是性质形容词作谓语，在句法上很不自由，必须出现一些表限制或补充的成分①，否则在语法上就不能自足。比如当学生造出"她漂亮"的句子时，我们凭语感知道这个句子不如"她很漂亮"自然，如果问为什么，有人就会解释："很"表示程度高，去掉就没有这个意思了。这种解释看上去也没什么错，但没有抓住问题的核心。性质形容词做谓语时，其前面必须有表示程度的副词"很、挺"等，这样才是一个完整的句子。因为如果不加副词，整个句子从语义上看就有对比的意味，"她漂亮"就暗含着"你不漂亮"或"我/我们不漂亮"的意思，加上副词以后对比的意味就消除了。所以这里副词的作用并不是强调程度高，而是消除对比的色彩，让句子自足起来。所以有

---

① 兰宾汉、邢向东主编：《现代汉语》，中华书局 2007 年版。

学者认为这是副词的"弱化作用"①，这与我们凭感觉认为"很、挺"等表"程度高"或"强调"大相径庭。

再如"了₁"的教学。"了₁"的语法意义大家都耳熟能详，教师也一定会向学生解释清楚的。如果关于"了₁"的知识结构较为完整和系统，就会大大提高教学的准确性，也能最大限度地避免学生出错。"了₁"用于动词或形容词后，表示动作或状态的实现②，但为什么"我买了书"符合"了₁"的语法意义却不能说呢？我们从语感上感觉不太好，会告诉学生应当加数量定语，说成"我买了两本书"就更好。但当学生问为什么时，解释起来就有难度了，需要对"了₁"的使用特点有较全面的掌握。"了₁"表示动作的完成或实现时，经常涉及动作的量③，因此，在句法表现上就必须有一个数量定语。当然，这个问题可以从不同的角度来解释，比如，从功能语言学的角度看，这里的宾语应该是"无定"的，因此要有一个数量词来加强它的无定性；如果从认知语言学的角度来看，这里的宾语应该是有界的④，因此要出现数量。总之，不管作何种解释，都离不开本体知识的积累。具备了这些知识，教师就会在例句设计、板书形式、引导学生运用中强调其结构特点，从而提高教学的准确性和有效性，避免学生出错。

四　本体知识可使教学更全面，突出教学的系统性、完整性

与其他教学一样，对外汉语教学也需要系统化、完整化。就拿词语学习来说，学生明白词的意义固然是必须的，但掌握一个词的语法功能也很重要。当然，这里说的语法功能不是指让学生知道一些语法术语，而是要让他们掌握一个词或短语在句中的使用特点和分布形式。比如，课文中涉及的词，尤其是常用词、高频词，教材里通常会安排一个常见用法的例句，说明它在句法上的表现形式，但这个词的另一个常见用法的句例却可能没有出现。如果教师具备一定的本体知识，就不会忽略未出现的用法，一定会自然地将其纳入教学的范围，从而使学生对这个词语的掌握更全面，更能有效地实现交际。比如《汉语》第7册第11课《神奇的网络》中的生词"方便"，它在课文中的用法是名词充当宾语，原文如："网络已经渐渐进入了现代人

---

① 陆俭明：《现代汉语语法研究教程》，北京大学出版社 2003 年版。
② 刘勋宁：《现代汉语词尾"了"的语法意义》，《中国语文》1988 年第 5 期。
③ 刘月华、潘文娱、故铧：《实用现代汉语语法》，商务印书馆 2006 年版。
④ 沈家煊：《"有界"与"无界"》，《中国语文》1995 年第 5 期。

的生活，它给我们带来了很多方便。"教师应当在全面掌握"方便"这个词的句法功能的基础上，引导学生说出作谓语的句子，如"使用网络很方便"；做定语的句子，如"电子邮件是一种很方便的联系方式"。这样既可以帮助学生掌握词语本身的意义，同时也有利于提高学生的交际能力。事实上，"方便"这个词作为形容词的使用频率更高，如果忽视了它的最为常见的用法，就没有达到教学的目的。当然，授课时并不一定要强调"谓语、宾语、定语"这些语法术语，特别是在初级阶段。只是教师要心中有数，引导学生用所学词语说出充当不同句法功能的句子。这样的教学效果比干巴巴地讲解词语的意思和用法好得多。

虽然并未讲语法，但教师心中始终装着语法的知识，在教学中就会做到全面、系统，润物细无声地帮助学生事半功倍地掌握汉语，提高交际能力。

五 本体知识有助于发现教学的重点和难点，使教学更有针对性

人类大脑中的知识就像一张网络，掌握的知识越系统、越丰富，这张网络的网格就越密集，有关的信息投射到网络上，都会很快地被定位、解读。就汉语教学来说，教师关于汉语本体的知识掌握得越系统，有关的问题投射到这个网络上时，它的重要性和难易程度、解决途径等，都会被马上定位。因此，系统的本体知识非常有助于发现教学中的重点、难点。

比如语音教学，如果教学者有一定的语音学本体知识，教学中就很容易预测和发现学生学习的重点和难点，在教学策略和教学方法上有所体现，使教学事半功倍。如：东南亚有闽南方言和客家方言背景的华裔学生，在学习韵母 i 和 ü 时，常常相混。闽南方言和客家话大多没有撮口呼韵母，这个知识就能帮助教师预测这些学生在学习时会出现的问题：可能会把 ü 读成 i，比如把"旅游"lǚyóu 念成"理由"lǐyóu。从发音上说，出现错误的原因主要是不会做撮唇动作，而这两个音的不同就在于圆唇和不圆唇的区别。预测到难点和重点后，就会在教学方法上采取措施，如让学生以"i"带"ü"，先发不圆唇的 i，舌头位置不动，逐渐改变唇形，发出 ü。然后反复快速做 i—ü、i—ü 的交替练习[1]，掌握起来就比较快。如果没有这方面的知识，就找不到存在的问题和解决方案，即使用的方法再多再好，花费很多时间和精力，教学效果也未必理想。

---

① 周健、彭小川、张军：《汉语教学法研修教程》，人民教育出版社 2004 年版。

　　再如汉语的主谓谓语句。外国人存在的主要问题是学会造句后不能自如运用，即使使用，也只是停留在单句的层次，而且对使用的场合把握不好，不能扩及更大的语境。须知，主谓谓语句的使用特点是从不同侧面描写、评议和判断人或事物[①]，经常多个句子连用，教这种句子要把教学重点放在语段上。如"她个子高高的"，后面还会出现相关的一串小主谓句（短语）：头发黑黑的，眼睛大大的……由一个话题打头，后面用整个语段来描写一个人。只有在语段中教学，才能真正抓住该类句式的教学重点，达到学习此类句式的目的。重视语段的教学，不仅突出了教学重点，而且引导学生扩大了交际的内容，真正做到课堂教学的"交际化"，使教学"流动"起来，这比反复训练单个主谓谓语句效果要好得多。因此，主谓谓语句的教学不能停留在单句的教学中，而应该扩展到语段和句群，并且在练习的设计和操练方面有所体现。如，可以让学生从不同的角度对一个城市的情况进行描写；对一个人或事物从不同的侧面进行评价等。如果学生只会说简单主谓谓语句，还不能说已经完成了教学任务。

　　汉语本体知识在对外汉语教学中的作用体现在语音、词汇、语法、文化教学的方方面面。可以说，教学的有效性、准确性、针对性及教学法的灵活使用，都离不开扎实、全面的本体知识。

---

　　① 刘月华、潘文娱、故铧：《实用现代汉语语法》，商务印书馆2006年版。

东干语"把"字句研究

马晓风①

【摘要】 东干语是生活在东亚地区的东干族使用的语言,"把"字句是东干语中使用范围很广、使用频率很高的一种句型。将东干语"把"字句与现代汉语共同语相对比,可以发现东干语"把"字句与现代汉语共同语在诸多方面存在差异,而与陕甘方言更为接近,是陕甘方言在中亚的变体。

【关键词】 东干语;"把"字句;现代汉语

引　言

把字句是汉语的重要句式之一,自 20 世纪 20 年代以来,学术界对把字句进行了多角度多层次的研究,在把字句的产生、把字句的句式、把字句的动词、把字句的宾语、把字句的句法、语义与语用等方面取得了丰硕的成果。近年来,有学者借鉴西方认知语言学、系统功能语法等相关理论,对把字句进行了一些新的探索,角度新颖,有很强的解释力。

把字句是一个具有层次性的复杂句式,在不同时代、不同地域、不同语体中呈现出不同的特点。因此,进行分时代、分地域、分语体的研究是必要的,也是可行的。部分学者如钱学烈对《红楼梦》中把字句的研究②、蒋绍愚对《元曲选》中把字句的研究③、杜文霞对把字句在不同语体中的分布、

---

① 马晓风(1978—),女,宁夏灵武人,汉语言文字学博士,陕西师范大学国际汉学院讲师。主要研究方向为汉语言文字学、对外汉语教学。

② 钱学烈:《试论〈红楼梦〉中的把字句》,《深圳大学学报》(人文社会科学版)1986 年第2 期。

③ 蒋绍愚:《〈元曲选〉中的把字句——把字句再论》,《语言研究》1999 年第 1 期。

结构和语用差异的考查①等，语料相对纯粹，结论可靠。

东干语是东干族的母语，是在一百多年前汉语陕西话、甘肃话的基础上，受到俄罗斯语、中亚突厥语很大影响下发展形成的汉语在中亚的特殊变体，是汉语的一种境外地方话②。近年来，中亚东干族与国内来往日益频繁，东干族学生来华学习汉语的人数也逐年增多。笔者在日常教学之中发现东干族学生使用把字句相对普通话频率更高，有些句子与普通话差异较大，而与关中方言有更多相似之处。鉴于此，笔者着意于收集东干语把字句语料，最终以东干族作家尔萨·白掌柜的故事集《公道》为语料来源，在 3 万多字的语料中共收集到 227 条 "把" 字句。需要说明的是，东干语没有书面形式，即使用东干文字记录下来的也仍然是口语语体。

一 东干语把字句的句法结构形式

认知语言学提出了 "典型范畴" 理论，认为在一个范畴内部，各成员的地位是不平等的，有典型和非典型之分。把字句不是一个句法形式单一的句式，而是一个包含有多种句式的集合系统，准确地说，是一个句式范畴。在这个句式结构范畴中，也有典型与非典型之分。

典型的把字句具有以下几个特征：介词 "把" 不可以替换为其他介词、谓语中心由动词充当、宾语在语义关系上是动词的受施、可以转换为同义的 SVO 句、体词除了主语只有 "把" 字的宾语等③。东干语是汉语的一种境外方言，其典型句式与普通话相同，是 S + 把 + O + VP，如：

（1）儿子带媳妇儿把伙房（厨房）门开开。

（2）他把坏秉性改掉哩。

（3）我把它拿回去呢。

这类句子在语义上表示处置义，在我们收集到的 227 条中共有 74 条，约占总数的三分之一，是使用频率最高的一种句式。应该说明的是，东干语 "把" 字常以复杂形式出现。S + 把 + O + VP 句式中往往加入了其他成分，特别是宾语和状语部分，其复杂程度甚于普通话。为了把问题简化以便论述清楚，我们将表示处置意义、宾语为动词受事的句子归为典型句式。

---

① 杜文霞：《"把" 字句在不同语体中的分布、结构、语用差异考查》，《南京师大学报》（社会科学版）2005 年第 1 期。

② 胡振华：《东干、东干语及东干学研究》，《第二次回族学国际学术研讨会论文汇编》，2006 年。

③ 王珏：《把字句的核心和外围》，《信阳师范学院学报》（哲学社会科学版）2005 年第 5 期。

根据动词和宾语的语义关系，把字句的非典型结构主要分为以下几种。

（一）非处置义把字句

东干语把字句中有些不表示处置义，如：

（4）把看不过的事情我一哈就说出来哩。

（5）我的亲人把我拿眼睛狠狠地望哩一阵子。

（6）我把他们家知道呢。

这类句子情况相对复杂。东干语中相同的语义普通话不用把字句，而是采用普通的动宾句。如（4）可以说成"看不过的事情我一哈就说出来哩"，是个话题句。例（5）可以说成"我的亲人拿眼睛狠狠地望哩我一阵子"，宾语"我"是动词"望"的对象，二者之间无处置意义。例（6）可以说成"我知道他们家呢"，"知道"是非动作动词，"他们家"回答的是"知道""什么"，而不是"怎么样"的问题，二者之间也无处置意义。

（二）非谓把字句

非谓把字句指没有动词的把字句，如：

（7）我把你个蒙头（西北方言：笨蛋）。

（8）我把你个哈尔瓦呢（伊斯兰教语：异教徒）！

（9）我给他一个钱都不给，把他个牲口！

这类句子结构形式相对固定，以"我把你个 + NP"为常见，其中名词性短语 NP 表示贬义，句式整体上表示詈骂。对于这一句式，王力先生和吕叔湘先生已经注意到了，后来很多学者主要以《红楼梦》等为语料来源，对这类句式进行了描写与分析。而在东干语中，我们发现"把"的宾语并非只能是第二人称代词的单数或复数，也有第三人称单数，如（9），可以修正近期以近代汉语为语料的某些研究中的不足。东干语的这一句式，在今天陕甘地区的回族方言中依然存在，其来源应该是近代汉语。

另有一类非谓把字句，是形容词作谓语中心。如：

（10）把我急得头发都快白的哩。

（11）把我高兴哑（表示程度极高）哩。

（12）Anina 娘把他们等哑哩。

这类句式中形容词不能是光杆儿形容词，常有程度补语，表示致使意义。例（10）和（11）主语位于"把"字后，实际是全句的主语，去掉"把"字，句子仍然成立，但是语义上的夸张色彩有所减弱。例（12）有主语"Anina 娘"和宾语"他们",去掉"把"字时动词需要重叠,变为"Anina 娘等他们等咟哩"。原因在于动词之后的位置上只能出现一个成分,宾语之后的补语需要补出一个动词,在韵律上才能保持平衡。

除此以外,东干语把字句中还有一些相对固定的句法形式,其否定句的句法形式也不同于普通话,下文详细论述。

二　东干语"把"字句中的谓语

一般认为现代汉语"把"字句是以"把"为标志或界限分为三个部分,基本形式为"A 把 B – VP",其中 VP 的典型形式是 VR 或包含 VR 的谓词性结构。在"把"字句中使用最多的是动作动词[①],这些动词大都是"自主动词"[②]。金立鑫将不能用于"把"字句的动词大体归为:不及物动词、能愿动词、趋向动词、形式动词("进行"之类)[③]。

东干语"把"字句中动词的使用与现代汉语有差异。据我们观察,其中有些动词是不能进入现代汉语"把"字句的,这类动词以单音节词为主,如:看、见、说、认、站、等、望、掉、看、迟、称、下、摇(开车)、听(见)、耍(玩)、点(头)等,也有少量双音节词,如:商量、妄想(想要)、认得(认识)、知道、使唤(用)等。

(13) 头一个我就把我的亲人的尖声听见哩。

(14) 把谁我都不害怕咧。

(15) 过一会儿它把羊羔儿就认得哩。

以上听见、害怕、认得等都不是动作动词,而是动作发出者主观上不能控制的动词,因此对宾语没有处置意义,在现代汉语里,这类句子可接受程度不高。但是在陕西关中话中,这种表达方式却是常见的。

现代汉语"把"字句中的动词一般不是光杆儿动词,动词必须能带结果补语、或趋向补语、或动量补语、或重叠、或与介词共现,即使某些动词可以单独使用,这样的动词本身也包含有结果或完成意义。但是在东干语中,在丧葬时安慰亲属时,可以使用特殊格式的"把"字句,如:"把你头重"(失去父母)、"把你伤心"(失去父母)、"把你折膀"(失去兄弟姐

①　崔希亮:《"把"字句的若干句法语义问题》,《世界汉语教学》1995 年第 3 期。
②　马庆株:《自主动词和非自主动词》,《中国语言学报》1988 年第 3 期。
③　金立鑫:《"把"字句的句法、语义、语境特征》,《中国语文》1997 年第 6 期。

妹）等。再如，致谢时常说"把你多谢"，恭喜时常说"把你恭喜"等。①
以上是在特殊场合使用的固定格式。除此之外，在另一种情况下动词也可以
单独使用在"把"字句中。如：

（16）把账算（数学）也没算。

（17）我把她连一回都没见。

（18）老师把他也没批评。

（19）AZIZ 把钱没拿，给 KHARKI 妈妈道了个谢，往家里跑哩。

以上例句中动词"算"、"见"、"批评"、"拿"等都是动作动词，本身
不包含结果或完成意义。但是在否定句中，这种用法是可接受的也是常见
的，现代陕西方言也是如此用法。如果要变成相应的肯定句，则动词需要变
成复杂形式。如：

（20）把这个钱拿上重买馍馍去。

（21）我把她见了一回。

（22）老师把他批评了。

光杆儿动词不含有结果或完成意义，因此不能出现在肯定式"把"字
句中。但是用"没"来否定时，就表示此动作未完成，这也是一种结果，
因此被否定的光杆儿动词可以使用在东干语的"把"字句中。

三　东干语"把"字句的宾语

现代汉语"把"字句中的宾语通常由名词、代词或名词性短语充当，
谓语性词语也可以作"把"的宾语。从语义上分析，介词"把"的宾语大
多是受事宾语，也可以是处所。从意念上分析，"把"字句中的宾语一般是
"有定"的，即已知的人或事物。但是在东干语中，有些表示任指的词语也
可以用在"把"字句中。如：

（23）把谁我都不害怕咧。

这句话放在现代汉语中，应该说"谁我也不害怕"或者"我谁也不害
怕"，是一个话题突出的句子，而这类话题突出的句式在东干语中很少见，
要想表达这样一种语义，就需要使用特殊句式将话题前置，这种特殊句式就
是"把"字句。

宾语前置是东干语语序的一个比较突出的特点，而使用"把"将宾语
提前到谓语之前，则是一种常见的方式。如：

---

① 海峰：《现代东干语把字句》，《南开语言学刊》2006 年。

（24）把自己的秉性要改变呢。

（25）把这个话给儿子他没说。

（26）我把他们家能找到。

用现代汉语普通话，这几个句子应该说成：

（27）要改一下自己的秉性。

（28）他没给儿子说这个话。

（29）我能找到他们家。

"把"字句将宾语提前，显然是强调了宾语，而非强调动词的处置语义。这类句法现象在现代陕西方言中也比较常见。

四 东干语"把"字句变式

在东干语中，宾语前置是一种常见现象，"把"字句式是实现宾语前置最常见的一种方式。此外，东干语中有一些相对固定的"把"字句式，我们称之为"把字句变式"。

1. 叫……把……

比如：

（30）拿来，叫我把你的本本（本子）看一哈。

（31）你给一切小人们（小孩子）教个样子，叫他们把你认哈。

（32）只要是把你的手段叫大众看哩，就对哩。

这类句式糅合了"叫"和"把"两种句式，去掉"叫"之后，句子的主语便凸显出来了。之所以使用这一特殊形式，主要目的在于凸显施事对受事的处置行为。现代陕甘方言也常用这种糅合句式。而现代汉语普通话表达同样的语义，往往不采用"把"字句形式，上述两例可以说"叫我看一下你的本子"和"叫他们认下你"。

2. 把……V 给

东干语中"把"和"给"共用，将宾语提前到谓语动词之前，如：

（33）光是你给我把钱给给哩。

（34）亲人紧赶给大夫把钱付给哩

（35）给我就像把老虎的胆子下给哩。

（36）我妄想（想要）把他们领上给奶奶把实话说给。

这类句式和现代陕甘方言一致，常见"给$_1$……把……V 给$_2$"，"V 给"其中最常见的形式是"给给$_2$"。动词"V"重读，其后的"给$_2$"轻读，表示动作行为的与事。东干语为了突出动作行为的与事，用"给$_1$"将之提前到谓语之前。现代汉语普通话则不提前动作行为的与事，上述例句（33）光是你给我把钱给给哩。和（34）亲人紧赶给大夫把钱付给哩。用普通话可以表述为：

（37）光是你把钱给我了。

（38）亲人赶紧把钱付给大夫了。

而（39）和（40）在现代汉语中可以不用"把"字句：

（39）就像给了我老虎的胆子。

（40）我想要把他们带上告诉奶奶实话。

五　东干语"把"字句否定式

现代汉语中"把"字句否定式的使用频率很低。除了作为熟语性结构的一部分或表"遍指"以外①，一般来讲，否定副词"不"和"没"通常位于"把"之前。而东干语中，否定副词却多位于"把"之后。如：

（41）把它不能撇哈（留下）。

（42）把队不站哈嘛。

（43）我把她连一回都没见。

（44）把这个话给儿子他没说。

（45）你为啥把账没算？

分析以上几个例句可以发现，用"不"来否定的句子中，动词是复杂形式，较常见的结果补语"哈（下）"。而用"没"来否定的句子，动词则基本上是光杆形式的。之所以有如此的差别，主要在于用"不"来否定的句子中不含有结果或完成等语义，因此动词之后需要补语来补足语义。而用"没"来否定的动作行为，往往是没有发生的，这本身也是一种结果，因此可以单独来使用。这种否定的形式陕甘方言中也很常见。

而现代汉语普通话中，上述例句有些可以使用"把"字句的否定式，如（28），普通话可以说成：

（46）不能把它撇下。

之所以能变为现代汉语的"把"字句式，主要是因为这个句子中的动词"撇"对宾语"它"有处置意味，而"下"是动作行为的结果，符合现代汉语"把"字句的语法和语义要求。而其余例句若使用"把"字句式，

---

①　秦芳华：《现代汉语"把"字句中状语位置研究》，硕士学位论文，首都师范大学，2004 年。

语感的可接受程度较低（用＊表示），如：

（47）＊不把队站下嘛。

（48）＊我没把她见一回。

（49）＊他没把这个话给儿子说。

（50）＊你为啥没把账算？

上述例句可接受程度低的原因主要在于不符合现代汉语"把"字句的语法和语义的要求。现代汉语中"把"字句要求动词是"自主动词"，能对宾语有处置意义，动词则需要使用复杂形式，表示动作行为的结果等语义。例（42）中"站"对"队"没有处置意义，例（43）"见"对"她"、例（44）"说"对"儿子"都没有处置意义。而例（45）仅仅对没"算账"这一行为表示疑问，没涉及动作行为的结果等。因此上述例句都不能变为现代汉语中相应的"把"字句式。在不改变句子的语义的情况下，上述（42）到（45）在现代汉语中可以表述为：

（51）没站下队。

（52）她我连一回都没见。

（53）他没给儿子说这个话。

（54）你为啥没算账？

东干语"把"字句中否定词与动词结合紧密，据推测可能是受到了阿尔泰语系的影响①。从语用上来看，这一特殊表达方式将否定的自然焦点与标记焦点重合起来，句子的话题功能增强了②。

---

① 秦芳华：《现代汉语"把"字句中状语位置研究》，硕士学位论文，首都师范大学，2004年。

② 李双剑：《〈红楼梦〉中的否定式把字句研究》，《云南师范大学学报》（对外汉语教学与研究版）2013年第1期。

基于"汉字三平面"理论的对外汉字教学

张　喆①

【摘要】对外汉字教学虽然经过三十余年的发展，仍然存在教学理论欠缺、教学内容随意、教学经验不足等问题。对"汉字"和"汉语"的混淆始终影响着对外汉字教学的成效和研究方向。本文尝试从有助于分清汉字和汉语关系的"汉字三平面"理论出发，从"字形"、"字构"、"字用"三个方面探讨对外汉字教学应包括的内容，并提出一些教材编写方面的建议。

【关键词】汉字三平面；对外汉字教学；字形；字构；字用

一　对外汉字教学三十年的发展及现状

我们将三十余年来的对外汉字教学以 1996 年第五届国际汉语教学讨论会的召开为界分为早期和近期两个阶段。早期的对外汉语教学不注重汉字教学，将汉字教学作为汉语教学的附属。2002 年王瑞烽硕士论文《对外汉字教学研究——基础汉语教材的汉字教学内容分析》②选取了 1980—1998 年包含"汉字教学内容"的 13 部基础汉语教材进行了分析，发现这些教材的汉字教学内容分为两类：一类以课后练习的形式依附于综合课本，另一类以汉字练习册的形式独立存在。而不管是哪种形式，汉字教学都是综合课本的附属，即使独立成册，大部分教师也没有时间专门讲解汉字练习册中的内

---

①　张喆（1980—　），女，陕西宝鸡人，北京师范大学在读博士研究生，陕西师范大学国际汉学院讲师。主要研究方向为汉语言文字学、对外汉语教学。

②　王瑞烽：《对外汉字教学研究——基础汉语教材的汉字教学内容分析》，北京语言文化大学出版社 2002 年版。

容，基本上是以作业的形式由学生自己完成。作为对外汉语教学重点难点的汉字，却主要靠学生自学，其中的困难可想而知。汉字以记录汉语的符号的形式出现在教材中，也就是说因为要学习某个词语，所以要学习记录这个词语的汉字。但是从认知的角度讲，在第二语言习得的过程中，对词语的习得规律与对文字的习得规律是不同的，出现在初级阶段教材中的词语，记录它们的汉字并不一定适合在初级阶段学习；以汉语的难易程度作为编排顺序的教材不能完全符合汉字的难易程度。这在一定程度上导致学生觉得汉字难学，对汉字产生畏惧心理。

针对这些问题，在 1996 年召开的第五届国际汉语教学讨论会上，许嘉璐在题为《汉语规范化和对外汉语教学》的发言中指出："对外汉语教学中的汉字教学到了集中力量好好研究的时候了。"而最先提出尖锐问题的是法国汉语教师协会主席白乐桑，他在题为《汉语教材中的文、语之争：是合并，还是自主，抑或分离？》的发言中指出："目前对外汉语教学面临着危机。汉语教材虽然在某一些方面有改进，可是因为大部分教材没有抓住汉语教学中最根本的问题（即怎样处理"字"这一语言教学单位），可以认为对外汉语教学仍然处在滞后的状态。"他又说："无论在语言学和教学理论方面，在教材的编写原则方面，甚至在课程设置方面，不承认中国文字的特殊性以及不正确地处理中国文字和语言所特有的关系，正是汉语教学危机的根源。"德语区汉语教学协会会长柯彼得（德）也有相似的看法，他在题为《汉字文化和汉字教学》的发言中说："汉语教学今天面临的最大的挑战：一方面是文化和语言教学的融合，另一方面是汉字的教学。如果不接受这两场挑战并马上寻找出路，汉语教学恐怕没有再向前发展的可能性。"在此之后，1997 年 6 月，国家汉办在湖北宜昌召开了首次汉字和汉字教学研讨会。1998 年 2 月，世界汉语教学学会和法国汉语教师协会联合在巴黎举办了国际汉字教学研讨会。此后，汉字和汉字教学研究出现了一个高潮。①

经过十余年的研究和教学实践，对外汉字教学逐渐走上脱离词汇教学，独立成为一门学科的道路，一些以"字本位"作为理论基础的汉字教材相继涌现，据 2011 年张薇硕士论文《近十年对外汉字教学研究的检讨》② 统计："近十年对外汉字教材（包括有汉字教学内容的对外汉语教材）有 30 多套，其中包括单独的汉字练习册，独立的对外汉字教材占到了 85%。"越

---

① 李大遂：《对外汉字教学发展与研究概述》，《暨南大学华文学院学报》2004 年第 2 期。
② 张薇：《近十年对外汉字教学研究的检讨》，硕士学位论文，湖北工业大学，2011 年。

来越多的人开始进行对外汉字教学的研究，2012 年，中国知网收录的题名包含"对外汉字教学"的论文有 88 篇，是 2000 年的 22 倍。但已有研究成果无论是在数量还是质量上，都还远远达不到足以支撑起一门独立学科的理论水平。据徐琦《近五年对外汉字教学研究述评》中的不完全统计："2006年至 2010 年，《世界汉语教学》、《语言教学与研究》、《语言文字应用》、《汉字文化》、《暨南大学华文学院学报》公开发表的论文共 2383 篇，有关对外汉字教学的论文仅仅 80 篇，占论文总数的 3.4%。"[①] 张薇《近十年对外汉字教学研究的检讨》经过对这些汉字教材的比较分析，提出教材中汉字知识的容量有较大的差异，每本教材的汉字内容变化性很大，有些教材即使是教授同一种汉字知识，所教授的具体内容以及深度、广度仍存在一定的差异；初级阶段的汉字课逐渐形成了多样化的教材，但是中高级阶段的汉字教学形式和内容还都比较欠缺；每一个阶段汉字进程上没有一个比较统一的理论支撑；大多数教材都只注重了汉字的表意偏旁的教学，强调了部件渗透，但是对于表音偏旁教学不够重视。

这些研究及数据表明，时至今日，对外汉字教学仍然没有找到合适的定位，还存在理论欠缺、内容不确定的问题；与之相应的教学实践也存在教学经验不足、教学方法不成熟等急需解决的难题。这一方面需要更多富有成效的研究；另一方面也需要对外汉字教学界学习和吸收文字学最新的研究成果，提高文字学理论水平。

二 目前对外汉字教学的问题根源

我们认为，对外汉字教学上述问题的根源主要还是在于对"汉字"和"汉语"的关系认识不清，而这个根源由来已久。中国传统"小学"就经常将汉字和汉语混为一谈，直到 20 世纪初章太炎、黄侃诸位语言文字学家创立了"语言文字学"，学界才逐渐认识到从文字和语言区别与联系的角度将二者划分清楚的重要性。但是传统的观念如今仍然遗留在两个关键性的问题上：

第一是汉字的定义。传统定义为：汉字是记录汉语的书面符号系统。这一定义目前在文字学界已经受到许多质疑和修正，但是在对外汉语教学界，仍然把它作为进行对外汉字教学的基础。这个定义的问题在于只说明了汉字与汉语的联系，完全将汉字的存在依附于汉语。而事实上，汉字还具有自身

---

① 徐琦：《近五年对外汉字教学研究述评》，《价值工程》2012 年第 1 期。

的独立性，可以在某种程度上脱离汉语成为一个独立的客体，这也就是"汉字学"作为"汉语言文字学"的一个分支逐渐形成并发展完善的原因。

第二是汉字的属性。传统文字学将"形、音、义"作为汉字的三要素。这种观点在文字学界也被很多学者质疑。三个所谓的要素并不处于同一平面，也不都是必不可少的，汉字可以有时只表音，有时只表义，所以"三要素"的界定并不科学。对外汉字教学以这三个要素作为确立教学内容的标准，也不可避免存在不合理之处。下面我们结合"汉字三平面"理论，说明将汉字"三要素"作为对外汉字教学基本内容存在的问题，并尝试从"汉字三平面"理论出发探讨对外汉字教学应该包括哪些内容。

三　"汉字三平面"理论指导下的对外汉字教学

"汉字三平面"理论是李运富在《汉字学新论》① 一书中首先提出的，书中运用这个理论构建了新的汉字学体系。"汉字三平面"理论认为，汉字真正的"三要素"不是"形、音、义"，而是"形、意、用"。所谓"形"是汉字成立的前提，是视觉感受到的直接印象，是每个汉字任何时候都具备的外部形态。所谓"意"指的是汉字的"构意"，它直接来源于对客观事物（包括抽象概念）和语言音义的认识，是体现在汉字内部结构上的构形理据；"意"在汉字的初创时期具有普遍性，但汉字形体变化以后可能需要重新分析。所谓"用"指的是汉字的功用或职能，汉字可以只表示语言的意义信息，也可以记录语言的表达单位，包括语音单位和音义结合体。

从"汉字三平面"理论出发去研究汉字本体，一直以来争论不清的诸如汉字的起源、汉字的属性、汉字与"六书"等问题由此能够得到合理的解释；理论为汉字的考释法、汉语史的研究法以及汉字的教学法提供了新的启示和思路。对外汉字教学的内容如果从"形、意、用"三个层面进行探索，会比从传统的"形、音、义"三要素出发更符合汉字的特性，内容也更加科学完善。

（一）字形教学

传统"三要素"中的"形"内容比较含混，可能是指汉字的外形，如汉字的整体框架、笔画以及笔画的组合方式，还可能指汉字的构形，如汉字的构件或汉字的结构类型。在"汉字三平面"理论中，传统的"形"被分

---

① 李运富：《汉字学新论》，北京师范大学出版社 2012 年版。

为"形"和"意"两部分，这里的"形"专指汉字的外形。

字形是汉字表现出的独特形象，是不同于拼音线型文字的"方块型"文字，它在一个平面上通过上下、左右、内外等布局方式形成一个个由笔画构成的方块，使每个字都能容纳在一个方格里。那么这个明显的视觉感受是否需要在对外汉字教学中体现和强调呢，我们认为是必要的。因为第二语言习得者对汉字形体的感觉大多是下意识的，并不一定经过主观的关注和强化。翻看学习者的作业本就可以发现，很多已经会写很多汉字的学生并没有掌握汉字书写的方法，写出的字形有的明显带有拼音线型文字的特征，有的把一个字分别写在两个字的空间内；有的对于上下左右内外的组合没有概念。这都是因为在学习汉字之初，就没有经过字形方面的强调和训练。因此字形教学的内容应包括训练留学生像小学生一样在方格内写字，练习"点、横、竖、撇、捺、折"六种基本笔画，通过基本笔画数量上和平面上的简单组合展示不同的汉字，使留学生初步形成汉字是由笔画组成的概念，再从简单的笔画开始逐步掌握汉字字形的整体特征。

汉字不仅是记录汉语的符号，还存在脱离汉语而独立存在的价值，其中之一就是汉字形体的美学价值，这直接促成了书法、篆刻等艺术形式的产生。对于已经掌握汉字字形特征的学生，引导他们欣赏书法、篆刻艺术，特别是书法，让学生从不同的角度感知汉字，体会欣赏汉字的美，也是字形教学的任务。有相当一部分学生在进入中高级学习之后愿意学习书法，这也是汉字作为一个独立个体的魅力所在。在中高级阶段还可以让学生简单了解汉字形体从古文字演变至今的过程。甲骨文结构松散不整、金文笔画粗细不均、小篆字形圆转繁复，直到今天的模样，这其中的变化会使留学生了解汉字形体的来源和原因，加深对汉字形体的认识。对外汉字教材已对字形教学的关注比较多，大部分教材都有笔画、笔顺、结构类型等内容，但是对于字形艺术的欣赏实践和字形的演变少有涉及。

（二）字构教学

"三个平面"中的"意"不同于"三要素"中的"义"，"义"指的是汉字所记录的语素的意义，在本质上是属于语言的要素；"意"指汉字的"构意"，也就是构造的意图，是为什么用某个形体来表示某个意义或读音的原因，属于汉字本身的属性。

我们在这里没有说"字意教学"而说"字构教学"，是因为汉字的"构意"是通过构件来实现的，每个汉字由不同的构件组成。王宁在《汉字构形学讲座》①中对汉字的构件进行拆分,将这些构件的功能分为五类,有象形功能、表意功能、示音功能、标志功能和代号功能。五类功能构件通过20种不重复的组合方式生成古今所有的汉字。受到"汉字构形学"的启发,越来越多的研究者开始探讨如何运用构件的类别和组合进行对外汉字教学,已经形成相对成熟的"构件教学法"。但单纯的"构件教学法"只强调学生了解构件的意义和用构件组成整字的能力,不太重视构件与整字的音义关系,而且内容过于繁复。

目前探讨用"六书"理论进行对外汉字教学是很好的尝试,其实李运富在《"六书"性质及价值的重新认识》②一文中提出"六书"在古代本来就是识字教学的工具,并不是对汉字结构的全面分析。李运富在《汉字学新论中》,将许慎的字形分析材料进行归纳,发现除了"形代合体字"、"标代合体字"找不到许慎分析过的例子外,其余18种类型都能跟由5类功能构件组成的结构类型相应,可见许慎的《说文解字》实际就是按照"构形分析法"在分析汉字。既然许慎分析出的汉字结构类型有18种之多,为什么要简单地以"六书"概括,而且其中的"转注"不是造字方法,也不是结构分析,而是将汉字以部首进行分类汇集的方法;"假借"也不是造字方法和结构分析,是我们下面要提到的字用的问题。所以"六书"中跟结构类型有关的只有"象形"、"指事"、"会意"、"形声"四类。李运富在《"六书"性质及价值的重新认识》一文中提到:"六书"在汉代以前,只出现于"小学"教育语境,它的性质应该属于基础教育中的一门教学科目,"六书"之名是对该科目知识内容的概称。对于对外汉字的字构教学,"六书"对于汉字构形类型的简化具有非常重要的启示,将20种类型繁复的结构类型简化为4种,无疑减轻了教学和学习的负担,增加了教学内容的明晰性,可以作为我们编写对外汉字教材的参考。

(三) 字用教学

传统三要素中"音、义"两个要素实际上是属于汉字所记录的语素的,并不属于汉字本身;在"三个层面"理论中,"音、义"被统合在"用"中。"字用"即汉字的使用,或者说汉字的职能。汉字的职能主要是记录汉语,有的汉字与所记录的词的"义"产生联系,而有的汉字与所记录的词

---

① 王宁:《汉字构形学讲座》,上海教育出版社2002年版。
② 李运富:《"六书"性质及价值的重新认识》,《世界汉语教学》2012年第1期。

的"音"产生联系。这就产生了一字一义或者一字一音。但实际汉字的记录职能常常比较复杂，比如 A 字在造字之初，根据构意是表示 a 词的，但是因为 a 词与 b 词意义相近，根据字形精简的原则，A 字也被用来表示 b 词，这就造成了一字多义；再比如 B 字在造字之初，根据构意是表示 c 词的，但是因为 c 词与 d 词读音相近，所以 B 字也可以用来表示 d 词（假借），这就造成了一字多音。虽然在汉字发展的历史上，一字多义或一字多音的现象每当严重到影响阅读的程度，就会有来自外界或文字系统自身的作用进行调节，比如创造新的汉字。但是今天的汉字仍然存在大量的一字多义和一字多音现象，这也是汉语难学的一个主要原因。

纵观近三十年的对外汉语教材，我们发现"字用"方面的教学几乎是空白，对汉字一字一音、一字一义、一字多音、字义多义的现象没有在教材中得到专门的体现，字用的问题被置于词汇教学之中，以零散的方式进行，缺乏系统性，对学生的记忆力和理解力都是巨大的挑战。我们认为可以从字的角度入手，根据学生必须掌握的常用汉字的字用情况，进行分类教学。

经过以上分析，我们知道如果从"汉字三平面"理论出发进行对外汉字教学，在内容上应该包括字用、字构、字意三个方面。每个方面也有严格的内容限定，字意教学包括汉字的笔画、笔顺、字形艺术欣赏与实践、字形演变；字构教学包括对汉字是由构件组成的基本认识、五类构件的掌握，四类主要结构类型的学习；字意教学包括一字一音、一字一义、一字多音、一字多义四种情况的分类教学。从汉字本体出发确定教学内容，避免了已有的对外汉字教学存在的内容随意性大、不全面的问题。在编写对外汉字教材时，从这三个方面入手，能最大限度保证教学内容的全面和完整。"汉字三平面"的教学并不是各自孤立的，应该是各有侧重地同时出现在对外汉字教学从初级到高级的各个阶段。当然仍有一些具体的问题需要进一步的研究，比如教学重点和难点的划分；在不同阶段，教学重点和难易程度的安排；教学目标的确定和划分；教学内容出现的具体形式等。

汉字教学应尊重汉字文化
研究的科学性

刘　琨①

【摘要】 在汉字教学中，常常会对汉字进行文化解读。然而汉字并不等同于独立的图画，不能简单地看图释义。汉字文化研究要尊重其科学性，认真梳理汉字形体演变，参证文献资料，客观看待汉字的文化功能。无论教学对象是中国学生还是留学生，只有注重了汉字文化研究的科学性，汉字教学才有了坚实的依据，汉语教学才能切实起到探索及传播中国文化的作用。

【关键词】 汉字教学；汉字文化；科学性

汉字独特的构形特点决定了其字形本身可以附载丰富的文化信息。汉语教师往往利用汉字这一特点，在汉字教学中添加大量文化信息，一来希望学生从字源、字义角度加强对汉字形体的认识，二来可以增加教学的趣味性，缓解学生识记汉字字形的畏难心理。然而，对汉字进行文化解读并不代表要违背汉字阐释的基本原则，任意说解汉字字形和文化的关系。这样做会误导学生对汉字文化问题的认识，影响汉字文化研究的健康发展。

一　汉字不等同于图画

对汉字进行文化解读，并不意味着要把文字当作独立的图画来说解。对汉字本形、本义的探讨，必须有充分的文献和文物材料作为证据，科学地、有逻辑地进行考据，才能符合字理、语理和事理。而且汉字的产生并不是同一个历史时期同一地域内突然完成的，其产生过程必然经过历史积累、地域

---

① 刘琨（1978—　），女，陕西西安人，陕西师范大学国际汉学院副教授。主要研究方向为汉语国际教育及汉语言文字学。

扩散，其中字形也会发生突变、讹变，所附载的文化信息也可能突然改变或转移。

汉代许慎所著《说文解字》是古文字学研究的扛鼎之作。然而因其所见文字材料有限，许慎对部分汉字的说解，也存在一定问题。《说文·羊部》："美，甘也，从羊从大，羊在六畜主给膳也。美与善同意。"后代学者多以许慎说解为依据，认为"美"字小篆形体释羊大为美，说明汉代人的审美取向即"羊大为美"。然而情况是否如此？

"美"甲骨文作𦎧、𦎧、𦎧、𦎧，金文做𦎧、𦎧。《甲骨文诂林》"美"字下姚孝遂按语："甲骨文、金文'美'字均不从'羊'。其上为头饰。羊大则肥美，乃据小篆形体附会之谈。"① 但姚未言头饰为何物所制。李孝定曰："契文羊大二字相连，疑象人饰羊首之形，与羌同意。"② 则李言"美"人形所戴头饰为羊角所制，于省吾亦同此说③。

王献唐："以毛羽饰加于女首为每，加于男首则为美。……女饰为单，故𦎧、𦎧诸形只像一首演偃仰。男饰为双，故𦎧、𦎧诸形像两首分披，判然有别。"④ 则王说主"美"人形所戴头饰为毛羽所制。

头饰说对探求美字本义有何影响呢？于省吾早先即将美的观念与早期人们的狩猎生活联系起来⑤；有些学者则将美的观念与原始巫术、祭祀联系起来⑥。李泽厚、刘纲纪在《中国美学史》中也将这种说法进一步肯定下来⑦。

然而事实真的如此吗？考察美字在卜辞中的意义，多用作人名"子美"或地名。又如：

---

① 于省吾：《甲骨文字诂林》，中华书局1996年版，第224页。

② 李孝定：《甲骨文字集释》，中研院历史语言研究所1970年版，第1323页。

③ 于省吾：《释羌、苟、敬、美》，《吉林大学社会科学学报》1963年第1期。

④ 李圃：《古文字诂林》，上海教育出版社2004年版，第184页。

⑤ 于省吾："原始社会早期，人们为了猎取野兽，往往披皮戴角，装扮成野兽样子，以便接近于野兽而射击。后来戴角逐渐普及为一般人的装饰，以表示美观。有的贵族父女或部落酋长戴着双角冠，以显示尊荣。"于省吾：《释羌、苟、敬、美》，《吉林大学社会科学学报》1963年第1期。

⑥ 萧兵先生说："美的原本含义是冠戴羊形或羊头饰的大人（"大"是正面而立的人，这里指进行图腾扮演、图腾乐舞、图腾巫术的祭师或酋长）。最初是'羊人为美'，后来演变为'羊大为美'。"萧兵：《从"羊人为美"到"羊大则美"》，《北方论丛》1980年第2期。

⑦ 书中提到："中国的美字，最初是象征头戴羊形装饰的'大人'，同巫术图腾有直接关系，虽然其含义同后世所说的'美'有关，但所指的是在图腾乐舞或图腾巫术中头戴羊形装饰的祭司和酋长。……美由羊人到羊大，由巫术歌舞到感官满足，这个词为后世美学范畴（诉诸感性又不止于感性）奠定了字源学的基础。"李泽厚、刘纲纪：《中国美学史》（卷一），中国社会科学出版社1984年版，第80页。

有正……其執美……（《甲骨文合集》33008，以下简称《合集》）

取美御事于之及伐望王受有祐惟用，吉。（《合集》28090）

……小臣牆比伐擒危美人二十人四……伯印…于祖乙用美于祖丁□
日京賜。（《合集》36481）

其言"執美"、"取美"、"用美"，则美为商人俘虏的对象，并将其用
于人牲。由此知上文提及萧兵、李泽厚等所谓美本为祭师或酋长之说非也。
然美是否为于省吾所说的"戴羊角之人"？

我们先来看看卜辞中的另一个字——散。卜辞中"氉、氎、氎、氁"形
隶定为散（即后世之"微"字），象长发之貌（或旁有手梳形），与卜辞中
"长"字形氎、氎相似，与卜辞中"老"字形氃、氄亦有共通之点。"散"在
卜辞中亦多用作人名或地名，与"美"字用法近似。如：

贞惟弗其獲征散。（《合集》6986）

贞呼取微白，贞勿取散白二告。（《合集》6987）

丁卯卜，戌允出弗伐散。（《合集》28029）

荆门郭店一号墓楚简中，"美"字形作氉（缁衣1）、氎（缁衣35）、氎
（性自命出20）、氎（性自命出51）、氎（老子甲15）、氎（老子丙7）、氎
（老子丙7）[1]，与契文中"散"字形相近，隶定为"媺"字。在传世文献
中，多有"美"字作"媺"者，如《周礼》美恶字皆作媺。《集韵·旨
韵》："媺，善也，通作美。"

契文氎形与氎形所隶定的汉字美和媺，在古籍中屡屡通用，说明其造型
之初取形于相近之物象，即与人发有关。参考契文中氉、氎、氎、氄、氎、氎
等形，可知"美"字人形上氎形是长发形，而并非是"戴羊角之貌"，与其
他诸形之别为：氎为分披而氄等为侧披。再结合卜辞中"美"、"散"出现
多指俘虏对象之义，说明其指头式与常人有异的一类人。这同样也说明，不
能把汉字当独立的图画进行说解。

---

① 李守奎：《楚文字编》，华东师范大学出版社2003年版。

二　汉字教学应尊重汉字文化研究的科学性

汉字是记录汉语的符号系统，汉字字形的研究同样要注意汉字的系统性。上文我们讨论了"美"字，下面讨论一下与"美"字紧密相关且能参照研究的"羌"字。

《说文·羊部》："羌，西戎牧羊人也。从人从羊，羊亦声。"依许慎之解，则羌为合体会意亦形声字，然非。观羌字字形之变化，由甲骨文之𠁥、𠁥、𠁥、𠁥，到金文之𦍌、𠁥、𠁥、𠁥，再至小篆𦍌形，递变之迹甚明，知许慎所解非羌字本形。

甲骨文一二期卜辞中羌多作𠁥、𠁥，三期卜辞后，羌字形多作𠁥、𠁥、𠁥、𠁥者，在𠁥、𠁥形上加绳索、利器形，此即可证𠁥本为独体象形字，然将𠁥形释为羌字，学者曾有不同的看法。𠁥形有主应释为羊者，有主应释为丏者，亦有主一形两用（丏和羌）之说者。我们认为，将𠁥形释为羌字是对的，原因是：

1. 卜辞中将、等与牛𠁥、羊、豕、犬等并列用于祭祀的情况很多，则𠁥、𠁥非羊亦非犬等兽类。如：

贞子雍，其禦王于丁妻二妣，己……羊三，羌十。（《合集》331，下简称）

贞……年于王……犬一，羊一，豕一，燎三小牢，卯九牛，三毂，三羌。（《合集》378）

贞方帝，一羌，二犬，卯一牛。（《合集》418）

……四羊四豕五羌（《合集》30448）

甲寅卜，其帝方，一羌，一牛，九犬。（《合集》32112）

2. 从卜辞的行文格式来看，羌为人属。如：

甲午卜，贞翌乙未侑于且（乙）羌十人，卯牢，又一牛。

甲午卜，贞翌乙未侑于且乙羌十又五，卯牢，又一牛。（《合集》324）

此为同一龟板上连续的两段卜辞，其中"羌十人"和"羌十有五"对举，知人应为羌之量词。再如：

> 甲午卜，行贞，王宾且甲，□伐羌三人，卯牢，亡尤。（《合集》22569）
>
> 辛巳卜，行贞，王宾小辛，□伐羌二，卯二牢，亡尤。（《合集》23106）

两段卜辞句式一致，可确定人为羌之量词。

另外，卜辞中用在人属前的动词多为征、伐、追、弋、执等，用在兽类之前的动词多为逐、射、阱、𢇃等，两类动词界线分明。而用在羌前的动词为前一类，足以判羌非兽类而属人种。①

𦍌释为羌，象羌人之形，𢁅形又代表的是什么呢？丁山以为"盖象人之簪冠饰形"②，而于省吾则以为"像人戴羊角形"③。叶玉森疑𢁅为羌之正字，《说文》羌下出古文𢁅，似像羌人首上之饰物④。要得知何为正确的答案，我们首先要搞清楚羌人所指何人。

卜辞记羌事者，除了记征伐羌或羌方、俘获羌人以外，少数将羌用作从事劳作的奴隶，而多数则是将羌人用于祭祀中的牺牲。人牲是用来对死去的祖先进行祭祀，或是对神灵的祈祷。"用人为牲在殷代是一种经常的，例行的制度，而不是一种偶然的，个别的现象。"⑤ "而卜辞所记用人之祭仅限于羌人、羌白（伯）极少数的其他方伯，在此待遇中，所杀的羌实同于作为牺牲的牛羊豕。"⑥ 据胡厚宣先生的统计，记有人祭材料的甲骨共 1350 片，卜辞 1992 条，最低限度残杀 14197 人，而其中用羌的达 7426 人，另有 324 条卜辞未记具体人数，即使以每条一人计算，则用羌俘的总数已达 7750 人，占人祭总数的一半以上。⑦ 那么，殷人为什么将羌人作为主要的牺牲？羌人和殷人的关系又如何呢？

---

① 童恩正：《谈甲骨字并略论殷代的人祭制度》，《四川大学学报》1980 年第 3 期。
② 于省吾：《甲骨文字诂林》，中华书局 1996 年版，第 113 页。
③ 于省吾：《释羌、苟、敬、美》，《吉林大学社会科学学报》1963 年第 1 期。
④ 于省吾：《甲骨文字诂林》，中华书局 1996 年版，第 114 页。
⑤ 姚孝遂：《"人牲"和"人殉"》，《史学月刊》1960 年第 9 期。
⑥ 于省吾：《甲骨文字诂林》，中华书局 1996 年版，第 119 页。
⑦ 童恩正：《谈甲骨字并略论殷代的人祭制度》，《四川大学学报》1980 年第 3 期。

可以说，羌是夏朝的主要部族，属姜姓。《国语·晋语》："昔少典娶于有蟜氏，生黄帝、炎帝。黄帝以姬水成，炎帝以姜水成。成而异德，故黄帝为姬，炎帝为姜，二帝用师以相济也，异德之故也。"《后汉书·西羌传》："西羌之本，出自三苗，姜姓之别也。其国近南岳。及舜流四凶，徙之三危，河关之西南羌地是也。"《尚书·舜典》："（舜）流共工于幽州。放欢兜于崇山。窜三苗于三危。殛鲧于羽山。四罪而天下咸服。"《庄子集释》卷四："尧于是放讙兜于崇山，投三苗于三峗，流共工于幽都，此不胜天下也。"疏曰："缙云氏有不才子，天下谓之饕餮，即三苗也，为尧诸侯，封三苗之国。国在左洞庭，右彭蠡，居豫章，近南岳。三峗，山名，在西裔，即秦州西羌地。"《史记·五帝本纪》："缙云氏有不才子，贪于饮食，冒于货贿，天下谓之饕餮。"贾逵注曰："缙云氏，姜姓也，炎帝之苗裔，当黄帝时任缙云之官也。"夏禹即是姜姓后裔，《史记·六国表》曰"禹兴于西羌"，《吴越春秋·越王无余外传第六》亦曰"（禹）家于西羌，地曰石纽。石纽在蜀西川也"。

商革夏命，故待夏之子民颇为凶残，将其作为主要的人牲来源，是合乎情理的。值得注意的是，卜辞中所谓羌人和汉儒所称西域牧羊人的羌戎是不同的。卜辞中的羌还不属真正的民族范畴，只是对同姓部落的统称，后代羌人的迁徙才形成民族意义上的西羌。言羌人善牧羊或羌人图腾是羊是针对后代的西羌、羌戎民族而言的。

那么，为什么￼的头部会有￼形？这代表羌人的什么特点呢？羌人不可能人人或时时皆戴羊角头饰，只有一些特殊的人在特殊的时间才会戴羊角头饰。而"古人制字者当于经见之文物制度中取象，必不以偶有之现象为造字之本也"[①]。我们认为，￼形应代表羌人独特的发式。古籍中往往可见以不同发式来区别不同部族者，如：

《礼记·王制》："东方曰夷。被发文身。有不火食者矣。……西方曰戎。被发衣皮。有不粒食者矣。"

《史记·西南夷列传第》："其外，西自桐师以东，北至叶榆，名为嶲、昆明，编发，随畜移徙，亡常处，亡君长，地方可数千里。"

《吴越春秋·吴王寿梦传第二》："孤在夷蛮，徒以为椎髻俗，岂有斯之服哉！"

殷人梳髻，故《史记·宋微子世家》言箕子"乃被发佯狂而为奴"。羌

---

① 李孝定：《甲骨文字集释》，中研院历史语言研究所 1970 年版，第 243 页。

人发式应该异于殷人，这是肯定的。

"羌"和"美"在字形和字义上都有紧密的关系，"美"、"羌"皆是有特殊发式的人。"美"是长发分披正面站立的人，乂形的双乂表示发长。"羌"字为侧立人上乂形，应是表示披发，这种披发和"美"字代表的从中分披的整齐发式不同，是随意的披发。殷代羌人皆为人牲及奴隶，他们不能和殷人一样梳髻，他们的头发应是凌乱的披散着，箕子"乃被发佯狂而为奴"即为证。乂形就是对羌人外貌的真实描画。由此可见，"羌"、"美"的本义并非是《说文》所解释的"牧羊人"、"羊大"，而是皆指有特殊发式的人。

"美"和"羌"字，字形并不复杂，然而引发的文化探索却不是几句想当然的图形说解能解释清楚的。要正确解读汉字文化，科学地分析汉字形体结构是非常关键的。然而现在很多人随意说解汉字的字形，不注重文献典籍的参证作用，对前辈学者的研究成果也丝毫不予以关注，这种不科学不严谨的态度应该引起我们的注意。

三　科学看待汉字文化功能的有限性

在汉字教学中，不科学不严谨的态度会导致对汉字进行错误的文化解读。而在谈到文化现象时，很多人也喜爱以汉字作为参证。可是"文字本身的文化意义并不能脱离语境和时代而随意猜测。用汉字来证明文化现象还有很多受局限的地方。如果对这些局限不加以注意，随心所欲地表达自己的观点就会不顾客观事实断章取义，得出荒唐的结论"①。

汉字是记录汉语的符号系统，并不是记录中国文化的符号系统。无论教学对象是中国学生还是留学生，汉字教学都要尊重汉字文化研究的科学性，不能主观放大汉字的文化功能，误导学生。前文的讨论，并不是要给汉字教学带上高深学术的大帽子。而是说明只有我们正确地认识汉字文化研究，才能科学地看待汉字文化功能的有限性，才能禁止随意地将未经科学考证的文化信息附加在汉字教学的内容中。

为了促进学生对汉字形义的理解和记忆，教学工作者想了很多生动有趣的方法。汉字教学形式日渐多样化、趣味化（如多媒体手段的运用），汉字研究著作也出现诸如趣说汉字、图说汉字、汉字故事等丰富的形式。只要本

① 赵学清：《近年来部分汉字文化著作述评》，《中国文字学会第四届学术年会论文》，2007年版。

着科学求真的态度，这些新形式都会对汉字教学有着积极的意义，值得进一步开发和创新。

　　总的来说，汉字文化研究并不是随意发挥的文化漫谈，因为研究对象是文字，其同样具备了文字学本身的科学性。只有注重了汉字文化研究的科学性，汉字教学才有了坚实的依据，汉语教学才能切实起到探索及传播中国文化之作用。

汉语教学及习得研究

浅析对外汉语教学中的中华
经典诗文教学

李　锦、牛炜卿、连　越①

【摘要】汉语中常见的引经据典之表达方式可以让语言更加丰富和生动，其最常引用的中华经典诗文在汉语作为第二语言的教学中，学生理解和使用的效果却不尽如人意。文学教材内容过多、教学任务过重，语言技能训练课又忽视经典诗文的理解与运用，这是造成第二语言学习者学习困难的重要原因。从教材和教学两方面入手，通过降低难度、减少篇目来减轻学生学习负担，同时改进教学方法，在文学课上加强语言教学，讲解练习重点词汇和经典诗文名句，在语言技能训练课上注重语用，加强操练，就能有效帮助学生掌握中华经典诗文，从而更好地理解中华文化。

【关键词】对外汉语；经典诗文；语言技能；文学

汉语自古就有引经据典的传统，古人写诗作文也常讲究"无一字无来历"。无论是叙事、议论还是抒情，引经据典这种形式在汉语表达中极其常见。汉语表达者常常引用一些古今中外流传广泛的名人名言、古典诗词、格言警句等来帮助自己更好地阐明道理，增强表达的说服力。在这些被引用的经典中，中华经典诗文是其中最为重要的一个部分。

以 2013 年 10 月 1 日至 2013 年 11 月 11 日共 30 期《人民日报·海外版》为例，其中引用了经典诗文的文章一共有 53 篇，在这 53 篇文章中，经

① 李锦（1977— ），女，陕西宝鸡人，陕西师范大学国际汉学院讲师，古典文学博士。主要研究方向为古典文学、对外汉语教学。牛炜卿（1989— ），女，陕西西安人，陕西师范大学国际汉学院在读研究生。主要研究方向为对外汉语教学。连越（1989— ），女，山西长治人，陕西师范大学国际汉学院在读研究生。主要研究方向为对外汉语教学。

典诗文名句一共出现了 95 次，一篇文章中出现经典诗文次数最多的是 8 次，最少的是 1 次。例如出自汤显祖《牡丹亭》的"情不知所起，一往而深"，出自杜牧《山行》的"霜叶红于二月花"等。此外《诗经》、《庄子》、《礼记》也多被引用，屈原、陶渊明、张九龄、刘禹锡、李白、杜甫、李商隐、晏殊、苏轼、辛弃疾等古代诗人和鲁迅、毛泽东等近现代作家的经典诗文也多出现于文化类的文章当中。

再以《读者》这本受众广泛的杂志作为统计分析对象，我们发现 2013 年总第 534 期到总第 551 期一共 18 期杂志中，经典诗文一共出现了 68 次。一些中国人耳熟能详的诗文名句出现频率相当高，一共出现了 27 次，占总诗文出现率的 40%。这些经典诗文中李白的诗作出现了 5 次，陶渊明的诗作出现了 2 次，苏轼的诗词出现了 3 次，其中两句都出自苏轼的名篇《水调歌头》。白居易的诗文一共出现了 4 次，其中有三句出自名篇《琵琶行》。即使是比较晦涩难懂但又人尽皆知的《楚辞》也出现了 2 次，分别为"目渺渺兮愁予"和"帝高阳之苗裔兮"。此外孟郊、李商隐、李清照、文天祥等名家的诗文名句也很常见。

引经据典的表达方式不仅在各类汉语文章中随处可见，在日常口语表达中，即便是文化水平不高的汉语使用者也常常喜欢加入"古人云"、"常言道"、"俗话说得好"之类的插入语，来让自己的表达更有说服力。高惠敏认为，古代诗词教学"具有特殊性，有些诗句脍炙人口，千古流传，现代人仍然时常引用古代诗词名句。同一般文言作品相比，古代诗词的应用性很强"①。其实不光古典诗词，只要是流传至今、脍炙人口的经典诗文都是有应用价值的。这些经典诗文是中华语言宝库中的精华，最能显示出一个人的文学素养。古人云："言之无文，行而不远。"如果一个第二语言的学习者仅仅只能符合语法规则但是没有文采地进行表达，那么其交际水平还是不高的。若能通过有效教学，让那些把汉语作为第二语言学习的外国留学生们掌握中华经典诗文，并能够在书面和口头表达中准确使用其中的名句，必将提升他们的语言表达水平，让他们的表达更加多样、更加生动。另外，交际是信息传播与接受的双向的过程，除了自己能够表达，还要求能够理解他人的表达。由于汉语中引经据典的频率极高，一个语言学习者进入高级阶段的学习，必然会在交际中遇到他人引用的经典诗文名句。如果此时无法接受信息

---

① 高惠敏：《试谈对留学生的古代诗词教学》，《华侨大学学报》（哲学社会科学版）2002 年第 4 期，第 88 页。

的传递，就会产生交流的障碍，也会严重影响学习者的信心和兴趣。因此加强经典诗文名句的教学是很有必要的，也是非常有益的。

但遗憾的是，在对外汉语教学中我们发现，留学生即使已经完成了汉语言专业的本科课程，按照《高等学校外国留学生汉语言专业教学大纲》完成了古代文学、现当代文学等课程的学习，甚至已经进入到研究生阶段，他们对经典诗文的理解和使用依然不尽如人意。有些是不知所云，有些则误用滥用。之所以如此令人尴尬，应该说与我们的教学有着密切的关系。

留学生接触经典诗文最多的时间是到了他们学习的高级阶段，这个时期学生们已经基本完成了语言的听说读写等基本技能训练，教师对其进行的主要教学内容也开始逐步扩展为"中国人文知识教学以及与专业方向有关的知识教学"，并且希望"通过对中国人文知识（包括）基本内容的系统讲授，使学生熟悉中国国情，了解中国社会文化，具备基本的中国人文知识"①。此时为学生开设的中国古典文学和近现代文学这两门课程普遍存在内容较多、名家名作信息量极大、课时又相对较少的问题。在短时间内完成整个文学史名家名作的学习，对母语为汉语的中国学生来说都不大容易，更何况我们的留学生。由于他们完全没有中国学生的母语文化背景，所以对经典文学作品的感知和鉴赏能力也是非常有限的。如果一味贪多求全，学生囫囵吞枣，不求甚解，那么教学效果可想而知。

除了在高级阶段学习专门的文学课之外，学生其实很早就有接触到经典诗文的机会。从中级开始，在语言技能训练课的教材中就已经出现了经典诗文。以较早出版的《汉语精读课本》（中国社会科学出版社）为例，在二年级下册第12课《过年》一文中，出现了苏轼的"明月几时有，把酒问青天"的诗句，在三年级下册第7课《老外对中国人的困惑》一文中出现了《论语》的"有朋自远方来，不亦乐乎"，第9课《新三十而立》出现了"三十而立"。但教材的编写者并没有及时地给出注释和使用说明。到了高级阶段，学生所学习的课文难度加深，遇到经典诗文的机会更多，例如《发展汉语·高级汉语》（北京大学出版社）的课文中直接出现了刘禹锡的"水不在深，有龙则灵"、苏轼的"但愿人长久，千里共婵娟"、孔子的"四十而不惑"、陆游的"柳暗花明又一村"四处经典诗文，编者对此仅作了简要的解释。除此之外还有四句引用或改编了经典诗文，但是教材的编写者并

---

① 国家对外汉语教学领导小组办公室编：《高等学校外国留学生汉语言专业教学大纲》，北京语言文化大学出版社2002年版，第1页。

没有注意到，不仅没有提及其出处和意义，更没有告诉学习者如何使用。如果在中高级汉语教材中遇到经典诗文教材不作注释，教师教学再一带而过，那也就很难引起学生的足够重视。对经典诗文的忽略必将影响到学生未来语言理解和表达水平的提高。对报章杂志、演讲报告甚至日常交流中引用的经典诗文无法理解，也势必打击学生的信心，影响他们的进一步学习。

因此，要想解决这一问题，我们要从教材和教学两方面着手。

一　从教材编写的角度来说，我们的教材需要进一步改进

学习中华经典诗文的主要任务还是由文学课承担的，但是文学课内容太多太杂，学生掌握起来比较困难。以目前国内比较常见的为留学生编写的古代文学教材为例，最为常见的三部教材分别是欧阳祯人主编、北京大学出版社出版的《中国古代文学史教程》，中国人民大学对外语言文化学院主编的"对外汉语教学中国文化系列"教材，以及王庆云主编、华语教学出版社出版的《中国古代文学》。这三部教材都是由富有对外汉语教学经验的教师进行编写的，而且各具特色，但是普遍存在的一个问题就是内容太全、太多。即使是进入高级阶段学习的外国留学生，他们阅读用现代汉语撰写的文章都存在着各种理解障碍，要想凭借教材中给出的注释看懂古代文学作品几乎是不可能完成的任务。即使是现当代文学作品，如果没有对中国历史、政治、文化等各个方面的了解，想要读懂鲁迅的文章、理解徐志摩和戴望舒的诗歌，对学生来说也是不容易的。因此，笔者认为，针对留学生的文学教材，在内容的选择上应当注意以下问题。

首先，在全面介绍中国文学历史和成就的基础上，适当减少所选作品的数量。如果让学生仅仅学习最优秀的、最精彩的文学作品，那无疑可以帮助他们建立学习信心，提高学习效率。笔者建议在进行篇目选择的时候可以适当借鉴中小学语文课本。现代汉语书面和口头表达中最常引用的经典诗文大多数都出现在中小学语文课本之中。例如《读者》12 期杂志中白居易的《琵琶行》出现了四次，高中一年级语文课本国人就已经学习了这篇经典。以人教版初中教材为例，七年级上册中选取了《论语》十则，其中包括了"有朋自远方来，不亦说乎"、"三人行，必有我师焉"、"温故而知新，可以为师矣"。而这些经典也是现在国人最常引用，也就是留学生最容易在交际中遇到的。所以，对外汉语文学教材中的经典诗文的选取可以在一定程度上借鉴中国学生的语文课本。

其次，在保证选择优秀作家的代表作的基础上，降低所选作品的难度。

对外国留学生来说，一部好的作品首先必须是能够读懂的，如果读都读不懂，那么又何谈欣赏呢？以学生为中心，我们要从学生接受能力出发，选择学生容易读懂的、容易理解的作品进行教学。因此作品的生词量是需要考虑的重要因素，另外思想性太过复杂难以理解的作品也不应选入。像屈原的《离骚》、《诗经》中的《七月》、鲁迅的《纪念刘和珍君》等作品，生词量又大，理解起来又比较困难，教材编写时就应当舍弃。

最后，教材编写时要选择符合学生兴趣点、容易引起学生情感共鸣的作品。一般来说，学生比较喜欢和自己情感契合的作品，那些表达人之常情的作品更容易引起他们的兴趣。例如李白《静夜思》中的思乡之情，孟郊《游子吟》表达的母爱和感恩，徐志摩《再别康桥》中依依惜别的深情，都很容易打动学生。

除了文学课的教材内容需要瘦身和精选之外，其他语言技能训练课的教材也需要作出一些调整。以《汉语精读课本》和《发展汉语·高级汉语》两本教材为例可以发现，这些教材在选文时并没有刻意回避出现了经典诗文名句的文章，但是却几乎都没有将这些诗文标出出处并解释其意义，忽略了在日常教学中的讲解和练习。因此学生要么是一扫而过不予理会，要么自己根据词典的翻译去理解，这样就很可能出现误解和误读，如果再在语言交际中任意使用，就会出现一些意料不到的笑话。因此这些教材的编写应当注意适当增加一些对文中出现的经典诗文的解释和说明，逐渐从中级阶段开始给学生渗透，帮助学生理解其含义。对特别常用的经典诗文还应当给出语用范围和具体使用中的意义，让学生认识到这些经典诗文在文章写作和口头表达中的作用和意义。例如《汉语精读课本》三年级下册第7课《老外对中国人的困惑》一文中的"有朋自远方来，不亦乐乎"，教材不仅应当解释这句话的含义，还应当告诉学生可以用于表达对远方朋友的欢迎。另外通过这句经典，还可以简单介绍孔子、《论语》等相关中国文化信息，让学生学有所得。

二 从教学角度出发

首先要在文学课上加强对文学作品的语言教学。"任何一种文学作品的学习与欣赏，首先要通晓其意，对于汉语知识十分有限的留学生来说，语言理解是他们在古代诗词学习中要过的第一关，只有在掌握了词、句的含义的基础上，才能进一步理解诗词作者的思想感情和寓意。"① 在讲解时，对有一定文化深度的词汇必须用浅近的语言来加以解释。如果学生对讲解的内容不明白、不了解，那任何教学活动都是徒劳无功的。例如报纸杂志中出现的"落红"、"落木"这样的词语多是从诗文中而来，留学生若是没有学过"落红不是无情物"、"无边落木萧萧下"这样的诗句，是不会知道它们所代表的意义的。所以在文学课的教学中要加强重点词语的讲解，帮助学生了解其基本含义，尤其是常用的文化词汇例如"杨柳"、"秋菊"、"荷花"等，教师更应当帮助学生认识到这些词语在汉语表达中的深刻含义。"可以说，留学生先是接受语言教学，然后才是接受文化熏陶。"② 只有当学生了解了这些词汇的文化意义之后，他们才能更好地理解中国传统文化。

除了文化词汇之外，经典诗文名句也是教师应当着重讲解的。在日常书面和口头表达中，很少出现全篇引用的情况，引经据典常常引用的只是名篇中的名句。所以对外国留学生来说，名句才应该是他们学习的重点。经典诗文名句和成语不同，它们一般不在句子中做什么成分，使用时往往和俗语谚语相同，常常被引用来支持观点或者表达情感。因此教师教学中除了讲解其基本意义之外，还应当帮助学生了解这些诗文的语用价值。例如王勃《送杜少府之任蜀川》中的名句"海内存知己，天涯若比邻"就常常被人们引用来表达身处两地但是情谊相通这个含义。王维的"每逢佳节倍思亲"可以用来表达自己在节日里对家乡和亲人的思念。

其次在语言技能训练课上，教师更应当顺其自然，因势利导。当课文中引用了中华经典诗文或者出现了与其有关的文化词汇的时候，教师应当予以足够的重视，帮助学生了解汉语中引经据典这种极其常见的表达方式，并带领学生理解经典，进而使用经典，提升自己的语言表达能力。例如我们经常遇到的年龄的表达方式"而立之年"、"不惑之年"、"知天命之年"等，教师应当告诉学生其来源于《论语》，在比较正式的场合，在知识分子阶层，用孔子的说法来指代年龄是一个很常见的语言现象。教师还可以适当举例，让学生了解年龄的文雅的表达方式，或者要求学生用这样的表达方式来介绍自己的年龄。

---

① 吴成年：《论对外汉语教学中的中国现代文学课》，《北京师范大学学报》2002 年第 6 期，第 87 页。

② 张笑难：《面向留学生的中国古代诗词课教学探析》，《内蒙古师范大学学报》2012 年第 1 期，第 102 页。

　　另外，在各类文化课程上，在语言技能课涉及文化内容时，教师都可以适当引入中华经典诗文的教学和介绍。经典诗文中有不少内容都与中国传统节日有关，对外汉语教师在日常教学中可以联系实际进行教学。比如说恰逢重阳节的到来，教师可以根据实际情况来讲解王维的《九月九日忆山东兄弟》，通过学习诗文来了解重阳节登高、插茱萸和饮菊花酒等习俗，同时又可以帮助学生学会"每逢佳节倍思亲"这句经典诗句。介绍春节的习俗时可以讲解王安石的《元日》："爆竹声中一岁除，春风送暖入屠苏。千门万户曈曈日，总把新桃换旧符。"通过这样的经典诗歌帮助学生们去了解中国的传统节日和文化习俗，对学生更形象地了解中国、了解文化大有裨益。

　　最后，作为汉语教师，也要注意个人教学语言的丰富性和生动性。在学生语言水平已经提高的情况下，教师也不要刻意回避经典诗文的引用。教师可以有意地多使用和重复经典诗句，增加输入量，帮助学生回忆复习以前学过的知识，事实证明多次重复定会收到良好的教学效果。比如教师讲完《论语》之后，在以后上课时复习上节课内容时可以说"温故而知新"。还可以创设情境，帮助学生去运用这些诗句，比如告诉学生鼓励处于低潮期的朋友可以说"天生我材必有用"，表达自己身在异国他乡思念家人朋友可以说："举头望明月，低头思故乡。"在写作训练中，也可以帮助学生引用中华经典诗文来丰富自己的表达，把作文写得更生动，更有文采。在HSK的高分作文中，经典诗文名句的引用频率相当之高。例如《诗经》中的"窈窕淑女，君子好逑"，《西厢记》里的"有情人终成眷属"等，都是学生曾经引用过的。教师如果能够在教学中有意识地引导学生多背诵经典，多引用经典，必将使他们的书面和口头表达更上一层楼。

对外汉语口语教学浅析

曾小梦①

【摘要】口语教学一直被认为是对外汉语教学中的重点和难点，教师应充分把握留学生的语言水平，并根据学生的心理特点和接受特点，采用行之有效的教学方法，使对外汉语口语教学更加灵活，从而提高学生的口语表达能力。

【关键词】对外汉语；口语；教学技巧

汉语口语具有结构灵活，固定搭配和熟语多，虚词和语序表义形式复杂，语气变化丰富等特征，故汉语口头交际能力的培养和掌握也成为对外汉语教学中的重点和难点。本文试从对外汉语教学实际出发，对口语课的教学方法和技巧进行分析探讨。

一 注重情感交流

语言心理学研究表明，习得一种语言要经过反复的外化和内化，因此语言学习是一种非常复杂的心理过程。口语课设计的基本出发点是谈话和交往，与其他课型相比，口语课上教师与学生、学生与学生之间情感交流、互动非常频繁，情感活动也最为丰富和复杂。

口语的表达特点决定了学生上课时的情绪非常兴奋和紧张，说话作为大脑的输出过程，要求说话者灵活地作出反应，更具有主动性，并且在说话交流的同时，学生的解码过程也要比阅读迅速，因而学生的大脑始终处于兴奋和紧张的状态。同时，由于学生已经具有了成熟的思想，所以当他们用汉语

---

① 曾小梦（1979— ），女，陕西三原人，陕西师范大学国际汉学院副教授，文学博士。主要研究方向为中国古代文学、对外汉语教学。

来表达自己思想的时候总是感到力不从心，于是就会产生一种焦虑，这成为口语课最普遍的心理障碍。而且由于留学生在课堂上能和老师、同学顺利地交流，但到了现实生活中，在具体的语言环境中，面对大量的口语化表达方式、俚语、方言以及文化上的差异，往往发现自己的学习成果与现实有距离，于是对老师的课堂教学产生怀疑，进而形成另外一种焦虑。由于口语同听、写、读相比，其个体的表达能力在课堂上是可以直接表现出来的，一次不算成功的表达，一次略显窘迫的回答，都会对自尊心较强、胆子较小的学生产生心理上的压力，造成害怕上口语课、害怕发言的局面。

同时，由于现在的学生多数都是成人，因而具有成人的优势：他们在已有知识的基础上开始学习，并且具有目的明确、学习动机较强、自制力较强、情绪较稳定等利于语言学习的特点。但成人学习也具有一定的局限性，比如，他们的母语已经相当成熟，因而容易造成语言学习的负迁移；同时他们的自尊心较强，在课堂上"说"的心理障碍较大，只喜欢闷头看书，而不愿开口讲话。

口语课与其他课型有着天然的联系，但在教授重点上与其他课型相比有其自身的特点。口语课主要是以训练说话为主，因而学生在学习了一定的词汇和句式之后，练习的重点是如何运用所学知识在口头上表达出来，更加注重能力的培养。而相对其他课型来说，更注重语言知识的学习，也就是更注重输入的过程，教师的任务是使学生更好地理解和接受所学知识，并为学生的应用打好基础。

因此，在口语课堂上，要建立一种有利于缓解学生紧张情绪、有利于口语教学的师生关系模式。在课堂教学中，教师要把握好角色定位。教师是知识的传授者、口语技能训练的组织者，但并不意味着教师要以一个指挥官或评判者的角色出现在讲台上，这样只能强化学生的紧张情绪。相反，如果教师在传授知识的过程中，把自己融入课堂这个教学群体中，以谈话人、听话人和交际者的角色出现，就会大大缩小与学生之间的距离。比如，教师可以变指导者为参与者，与学生共同完成训练项目。实践证明，这样不但可以缓解学生的紧张情绪，而且能吸引学生的注意力，使学生对所学所练内容留下深刻印象。口语课上因为师生之间交流的机会很多，因而教师要淡化"教书"的概念，而强调情感交流的角色。教学中的情感因素是双向的，教师以情来打动学生，学生就会用情来参与学习。情感在语言学习的过程中是非常重要的，它可以转化为一种内驱力，使学生将外语在认知结构中内化而产生说话的兴奋点，从而摆脱口语课普遍存在的不敢说、不愿说的畏难心理。

二　突出学生的主体性

在以留学生为主体的对外汉语口语课堂上，教学目标是使学生轻松、愉悦的状态下，培养他们运用所学的汉语知识自然流利地进行交流，并且能够灵活自如地表达内心的感情和心情。这就要求老师和学生在轻松、自然的教学课堂上展开训练，并能够最大限度地发挥学生的想象力，鼓励学生在课堂上积极地练习各种方式的口语表达。因此，口语的课堂就要以学生为主体，将大部分的时间安排给学生说、读和练习。

口语课堂的练习应该培养学生的主体性。在初级阶段，教师在口语课堂主要采用情景法。学习了词汇和语言点之后，教师大量举出例句并创造一定的情景让学生展开练习，这种练习只是一种模仿。中高级阶段的口语教学应该凸显学生的主体性，教师仍然需要大量举例但应试图不再创造情景。学生明白生词和语言点的意思及用法之后，自己独立思考并造出符合汉语交际规范的句子。如初级阶段学习"说服"，教师首先要举出许多例句，然后提问学生：我有抽烟的习惯，朋友告诉我抽烟对身体不好，所以我现在戒烟了。这样的句子用"说服"应该是——？学生会造句"我的朋友说服我戒烟"。而在中高级阶段，我们只需举出例句，鼓励学生根据例句的特点自己创造情景，有的学生会说"太太说服我给她买辆车"，有的学生会说"我说服父母同意我来中国留学"，有的学生会说"老师说服我每天做作业"。从这些句子可以看出，由于教师不再限定情景，学生可以根据自己的经历造出自己想说的句子，学生的主体性得到了体现，既有效地对所学知识展开了练习，又可以活跃课堂气氛。

在初始阶段，这样的教学设计可能会使学生因为失去老师的情景辅导而感觉不太习惯，反应较慢，但随着练习的增多，他们会觉得能在口语练习中根据自己的水平、经历说出自己想表达的场景和句子，自主驾驭汉语进行交际的成就感就会逐步增强。

以学生为主体，教师还应该注意加强口语课堂话题的选择性。在第二语言的习得中，话题的控制权往往不在学习者手中而在输入者手中。这种输入方式有着较强的计划性，并受到教科书的限制。留学生接触汉语口语初期，课堂教学无非是围绕着生活中基本的交际场景进行，例如个人介绍、中国朋友、学汉语的感受、假期安排，等等。这些基本的交际练习是留学生培养汉语口语所必需的。到了中高级阶段，则必须从学生的兴趣和实际需求出发，把口语的话题控制权交给学生。

现行的口语课本上大多数话题抓住了本阶段留学生的实际需要和性格特点，但也有一些令人乏味，不能激起留学生兴趣的话题，例如教育、诚信、社交等方面。对那些没有针对性、学生不感兴趣的话题教师可以略去不谈，而根据实际情况设置大家都感兴趣的话题。有学者认为，话题选择应遵循四个原则：难度适宜；贴近学生实际，抓到兴奋点；增加世界性话题；贴近学生的知识水平。根据笔者的初步调查，留学生感兴趣的话题主要集中在中国和自己国家的文化差异，其次是个人以及亲朋好友的兴趣爱好、留学经历、生活感悟等，再次是旅游、饮食、购物、交通、家庭等方面。所以教师在话题选择时应充分考虑到这一实际，使学生愿意说、有话说。

三　建立小组讨论模式

口语课还应该建立小组讨论式课堂模式，培养 Party 式课堂氛围。教师要注意培养学生的表演意识和欲望，让学生自然地加入到口语交流中来，还原学生自己的原始语言状态。这种小组讨论的模式，是将班级分成若干小组，让学生在小群体内通过交谈来学习，又叫蜂音学习，这样做可以使小组中每个成员都卷入学习活动，会提高每个人的学习积极性，还可以发展成员之间的人际关系。相对来说，外向的学生更加适应这样的课堂模式，我们也应该注意逐渐把内向的同学纳入进来。例如在处理练习时可以采用两个人或四个人一组讨论的形式共同完成，小组的组成不是固定的，随意组合。这样可以把重心由教师与学生之间的言语交流转变为学生与学生之间的言语交流，使那些不愿意在老师面前说的话在同学之间得到叙述。小组讨论完之后可以由组员推举一个人把讨论的结果说出来和全班同学分享，这个被推举发言的机会对每位小组成员都应该是均等的。做小组发言的代表人能增强学生汉语口语的自信心。小组讨论的课堂模式既能让留学生的心情更为放松，又可以使所学过的知识在课堂上得到沟通，加强相互之间的了解，促使他们成为朋友。

有时教师也可以尝试使用辩论赛的方式创造 Party 式课堂氛围，把课堂主动权交给学生，让他们自己做主。教师设计两方的观点并提示相关词汇和表达方式，学生课前准备资料并在课堂上合作，小组成员积极思维并把自己的观点告诉本组代表，由代表进行陈述。部分学生可以作为观众对双方表现进行评判，教师只在辩论过程中对部分语句作出必要的纠正。我们发现学生对这种完全开放式的课堂很感兴趣，活动中表现得都很踊跃。

Party 式课堂氛围也有助于教师对学生出现的口语错误进行纠正。语言学家认为：语言错误有错误（mistake）与偏误（error）之别。错误是指因说话者过度疲劳、紧张或者缺乏足够的训练等因素而造成的操作失误；而偏误是由于缺乏相关语言知识所产生的不正确的语言形式，这是语言能力的缺失所致。对于前者，学习者可以自己意识并纠正，但对后者则不可以。口语偏误的纠正技巧会直接影响到学生的焦虑感和自尊心。Party 式课堂的氛围是轻松自然的，学生在这种状态下出现的表达偏误会使他们自己感觉更加真实，更贴近自己的言语实际，再辅以教师的适当纠正，给学生留下的印象会更加深刻，其效果强于其他教学模式下的纠错。

四　加强口语实践

口语教学也应该加强社会环境中的口语实践。教师可以带领学生有选择地进行一些实地口语交流，让学生在真实的语境中检验已经掌握的知识。

口语教学的材料来源于生活，口语能力的培养离不开生活环境，口语教学的终极目标是留学生能在生活实践中进行交流，解决实际问题。很多留学生运用在课堂上所学到的汉语知识进行交流时会感到困难，原因就是他们的语言知识脱离了生活环境。对外汉语口语教学的目的就是培养学生汉语口头表达能力，一种语言的口语表达能力是可以直接在现实生活中进行检验和运用的。如今，对外汉语口语教学基本上是以课堂为中心，以书本为中心，一本教材在一个课上解决全部问题。如果对外汉语口语教学改革仅仅局限于课堂中，留学生没有思维的空间和再发现的余地，自身蕴藏的汉语口语的潜能不能发掘，是难以培养他们在汉语口语学习过程中的兴趣、特长及实践能力的。所以口语教学也应该冲破课文的藩篱，而将内容扩展到整个社会生活系统，为留学生提供口语感悟、口语体验的时间和空间，为留学生提供更多的新知识和新信息，以满足留学生口语训练的要求，使留学生真正成为口语表达活动的主体。

因此，可以多组织学生参与带有旅游性质的语言文化考察。这样的口语实践既新鲜又具有挑战性，因为学生很可能遇到各式各样最纯正的汉语口语表达，这些是课堂上不会出现的语言状况。教师在这个时候帮助留学生与陌生人交流，就会给他们留下深刻的印象，也会使他们感觉到汉语这个交际工具的实用性，提高他们的学习积极性。如果他们在真实的环境中能够较为顺利地与他人进行交流，这无疑更增加了其自信心和成就感，同样也会促使其今后努力学习。

在户外的口语实践中，教师要进行及时、有效的指导，要对学生提出要求，要让学生明确应该完成哪些任务。口语能力更多的是在课外发展起来的，与课堂教学相比，课外活动能够让留学生大胆地动起来，既可以培养学生的口语实践能力，也使学生的汉语知识在活动中得到丰富和运用。

当然，教师带领学生参加社会实践的可操作性毕竟有限，所以还可以通过留作业的方式使学生与周围的中国朋友、社会成员进行交流，丰富其口语交流经验。这样的作业大多是采访和调查，学生首先通过交流，了解对方的想法，然后再把调查、采访的内容写下来，进而在课堂上用言语表达出来。之所以将"写"和"说"结合起来，一方面是为了让他们更好地说，通过讨论和交流，学生把观点变为文字，再把文字变为语言。这样做能让他们说话的时候感到更自信，因为基于文稿的表达无疑会更自如、更流利。另一方面是写作练习的逐步开展可以为更高阶段的写作课打好基础，避免学生在接触写作课时产生畏难情绪，进而厌恶和逃避写作。

总之，在对外汉语口语教学中，教师既是导演，又是演员，只有掌握和运用科学有效的教学方法和技巧，才能真正提高口语教学的效率和质量。

对外汉语教学中的学习策略培训

许　端①

【摘要】通常认为成年人学习第二语言是一种自觉的、有意识的认知活动，学习者采用何种方式、何种策略去学习是其学习能否成功的关键因素之一，本文将在分析论述第二语言学习策略的理论和研究的基础上，探讨对外汉语教学中学习策略培训的局限与可能，并探讨学习策略培训在对外汉语教学中的具体实施。

【关键词】第二语言学习；对外汉语教学；学习策略培训

通常认为成年人学习第二语言是一种自觉的、有意识的认知活动，学习者采用何种方式、何种策略去学习是其学习能否成功的关键因素之一。因此对"学习策略"的研究便成为第二语言习得研究的一个重要组成部分。这样的研究又分为"描述性研究"（descriptive studies）和"介入性研究"（interventionist studies）②。"描述性研究"主要涉及对学习策略的确认、定义与分类、探索影响策略选择和使用的因素及策略的有效性使用等。③它实际上是对学习者及其学习过程的调查研究，是从"学"的角度看的。目前，这类研究在我国对外汉语界已经展开，它对于教、学两方面都有很高的参考价值，其重要性是毋庸置疑的。同时我们也应当看到，对于这些描述性研究的成果，只有将它们反馈到教学实践中去，才能更有效地帮助学生提高学习

---

① 许端（1976—　），女，湖北宜昌人，陕西师范大学国际汉学院讲师，博士研究生在读。主要研究方向为文艺学、对外汉语教学。本文是 2012 年度教育部人文社会科学研究规划基金项目《以汉语教学为背景的现代汉语语篇衔接成分研究》（12YJA740118）的阶段性成果。

② McDonough，steven H. 1995 Strategy and Skill in learning a Foreign Language. London：Edward Arnold.

③ 刘治、朱月珍：《国外第二语言学习策略的介入性研究》，《国外外语教学》2000 年第 4 期。

效率，完成学习任务。这就涉及了对学习策略的另一类研究——"介入性研究"，其重点就是所谓"学习策略培训"。这一领域的研究成果虽有一些，但多是在对学习策略作整体性描述的基础上提出一般性的推论和建议。对于影响学习策略实施效果的重要因素缺乏讨论与辨析，因而难见真的成效。

本文将在分析论述第二语言学习策略的理论和研究的基础上，探讨对外汉语教学中学习策略培训的局限与可能，并探讨学习策略培训在对汉语教学中的具体实施。

一　学习策略培训与"描述性研究"间的关系

关于这个问题，吴勇毅的看法代表了某种共识，认为"学习策略培训"应当建立在对学习策略的描述性研究的基础上。"学习策略的描述性研究是介入性研究的前提条件。如果我们对学生学习第二语言（进一步说学习汉语）所使用的学习策略究竟有哪些并不清楚，甚至一无所知，就谈不上对他们进行学习策略培训。"[①] 目前，我国对外汉语教学界已经有人在这方面做过一些较有意义的尝试。如熊文对汉语二语习得中简化策略的作用给予评估，并对初级、高级阶段简化策略的表象和区别进行了描述[②]。徐子亮对60名学汉语的外国人进行考察，发现他们使用了七条最有普遍性的学习策略，如补偿策略等[③]。罗青松则考察、分析了留学生学习汉语时使用的回避策略（包括简缩策略和成就策略）的多种形式和原因[④]。江新则使用 Oxford 的"语言学习策略量表"对留学生多种策略的使用进行统计分析，发现他们最常使用的是社交策略、元认知策略、补偿策略，最不常使用的是记忆策略[⑤]。应当说，作为我国对外汉语教学中学习策略描述性研究的一种最初尝试，它们具有开拓意义，但同时也留下了一些问题有待我们进一步思考。

从内容上看，上述研究或从整体上对汉语学习者的学习策略进行了分类调查（如徐子亮、江新），或就某一种具体学习策略的实施和效果进行了调查分析（如熊文、罗青松）。其研究结果对于我们深入了解学习策略这个问

---

① 吴勇毅：《汉语"学习策略"的描述性研究与介入性研究》，《世界汉语教学》2001 年第 4 期。

② 熊文：《论第二语言教学中的简化原则》，《对外汉语教学的理论与实践》，延边大学出版社 1997 年版。

③ 徐子亮：《外国学生汉语学习策略的认知心理分析》，《世界汉语教学》1999 年第 4 期。

④ 罗青松：《外国人汉语学习过程中的回避策略分析》，《北京大学学报》（哲学社会科学版）1999 年第 6 期。

⑤ 江新：《汉语作为第二语言学习策略初探》，《语文教学与研究》2000 年第 1 期。

题本身有一定的参考价值。但以此作为学习策略培训的主要依据却存在明显的不足。就前一类学习策略的整体性描述研究而言，实际上它是学习者单方面经验层面的总结，学习策略与效果间的因果关系未加俭省，其普遍适用性亦难以验证。例如我们知道了学生最常使用的学习策略有哪些，是否就意味着它们是有效的，而应当加以推广？在不常使用的几种策略中有哪些也应引起重视？假如我们仅凭这些调查问卷的结果来判断某种学习策略价值的高低，不仅我们自己相当盲目，也会引起学生的困惑。

后一类针对某一种学习策略的具体研究，实践性意义相对较强。但这种实践性并非取决于其研究的范围是整体的还是局部的，关键在于研究者所选择的研究对象——"简化策略"和"回避策略"，这类问题更易与学习者的母语影响、目的语语言特征和学生个体差异结合起来有针对性地加以解决。由此可见，仅仅是学习策略的现象性描述还不足以对学习策略的培训产生有实效的影响，由学习策略的描述性研究到介入性研究，需要考察更多的因素，需要更加科学的评价标准。

二　学习策略培训的限制与可能

个人是如何学习掌握进而习得一种语言的，我们可以称之为"个人的学习策略"。学习策略说到底是一种选择，而有效的选择应当建立在正确判断和及时监控的基础上，它涉及认知心理学中的一个领域："元认知"（metacognition）。所谓"元认知"，"就是个人在对自身思维过程自我意识的基础上，对主体认知过程的自我反省、自我控制、自我评价和自我调节"，它"属于认知活动中更高一级的策划、指挥和执行机构"[1]。通常讨论元认知与第二语言/外语学习的关系主要涉及"元认知知识"（metacognitive knowledge）和"元认知策略"（metacognitive strategy）两方面。按照符拉唯尔（Flavell）的解释，语言学习者的"元认知知识"就是对"①人，②如何学习，③语言"这个命题的自我认知和自我反省[2]。具体到汉语学习中，它包括学习者对自己（认知主体）的认知能力以及自己与他人能力差异的认知，对如何学习（学习策略）的自我意识，对所学语言（认知对象）的认知。

所谓"元认知策略"则是指"主体在进行认知活动的全过程中，将自

---

① 武和平：《元认知及其与外语学习的关系》，《国外外语教学》2000年第2期。

② 同上。

己正在进行的认知活动作为认知和意识的对象，不断地对其进行积极、自觉地监控和调节"。① 对汉语学习来说，就是学习者在习得汉语的全过程中，把自己正在进行的习得活动作为认知和意识对象，不断地对这一习得过程加以积极、自觉、主动地监控和调节。

①人	②如何学习	③语言
学习者		教师
描述性研究		介入性研究

如上表所示，学习者只能够根据前两项来判断选择采用何种学习策略，而描述性研究的内容也因此被局限于此。由于学习主体对学习对象，即目的语知识的缺失，其判断的科学性和有效性受到了限制。而以学习者为对象进行的描述性研究，如果将其作为学习策略培训或改进教学的主要依据，其针对性和有效性也就值得怀疑。

改变这种状况、实现有效的学习策略培训的可能在于教师的介入。教师可干预的主要场所在不断提升学生对目的语的认识。与单纯的语言学习和训练不同的是，有目的的学习策略培训对应有目标的目的语特征意识的培养，通过补足学习主体的"元认知知识"结构，来校正其学习策略选择的判断依据，提高自我管理和监控的有效性。因此对外汉语教学中学习策略培训的关键在目的语特征意识的培养。

假如更进一步分析，第二语言学习中的学习策略培训是一种双向建构。一方面教师通过培养学生目的语的特征意识来帮助他们实现学习上的自我管理与监控；另一方面，教师的教学工作亦受其对学习者个体条件、差异等了解程度的限制。就学习策略培训而言，对学情的深入了解不仅有助于教学方法的改进，也使得教师一方对教、学效果的整体评价依据更为科学，使其对学习策略的有效性作出合理判断成为可能。

三 学习策略培训在对外汉语教学中的具体实施

由于第二语言学习中学习策略培训的双向建构性，教、学双方对学习策略有效性的判断均存在局限，因而学习策略培训在语言教学中的具体实施首先并不是以直接的方式进行的。即在判断力不足的情况下难以认定哪种学习

① 武和平：《元认知及其与外语学习的关系》，《国外外语教学》2000 年第 2 期。

策略对某个具体的语言学习者更加有效，也就难以直接推行或修正某个具体的学习策略。而那种以问卷调查结果为依据的定性和定量的研究、实践，只能是一种难达目标的表层工作。因此第二语言学习中学习策略的培训具有间接性，以补足对学习策略的判断能力为前提和关键。

（一）目的语特征意识的培养

就对外汉语教学而言，如何确定汉语特征意识培养的具体内容，与造成学习者汉语表达偏误的原因类型相关，主要包含以下几个层面：

一是由母语和目的语之间差异导致的偏误，可通过对比分析有意识地强化汉语特征，培养学生的汉语特征意识。行为主义学习理论认为，必然发生从第一语言到第二语言的正负迁移，语言的相同点促进学习差异点易导致偏误造成学习困难。周小兵在讨论对外汉语教学中语言点的学习难度时，对这类语言差异难度的测定与考察作了较翔实的说明①。从理论上讲，采用对比分析法逐一测定、考察母语和目的语之间的差异以强化目的语特征意识可行且有意义，但受语言水平限制，即使对研究者来说也要求颇高，成系统的研究不可能进展很快。而在实际的课堂教学中，这类研究的成果更适用于一对一教学或单一国别学生的集体教学，对绝大多数混合国别编班的集体教学适用性不强，但仍可通过个别辅导、零星渗透的方式推动教学。

二是由目的语自身特点造成的偏误。主要表现在词汇、句子层面的目的语规则泛化和由篇章、语用因素导致的偏误。目的语规则泛化实际上是第二语言习得中的一种学习策略。外国人学习汉语时常常会将汉语的某些规则进行不恰当的类推。由规则泛化引发的偏误跟母语关系不大，不同母语的学生都会出现，常发生在句子内部。还有一类是只有跳出单个句子的范围，考虑篇章、语用因素才能得以解释的偏误类型。二者都需要通过细节化的目的语特征教学，强化目的语特征意识来予以修正，是教师介入学生学习策略运用的重点。

例如"了"的基本用法，包括位于句中动词之后，表示动作实现的了$_1$，和位于句尾，表示某种状态改变的了$_2$，一直是对外汉语教学的一大难点。母语语言规则的负迁移、目的语规则泛化、省略或回避策略、忽视篇章和语用因素等都不同程度地影响学习者对这一语言点的掌握。如：

（1）＊昨天下午我去了超市买了很多东西。

---

① 周小兵：《学习难度的测定和考察》，《世界汉语教学》2000 年第 1 期。

（2）＊我很喜欢旅行了。

（本文用"＊"表示不可接受的句子）

至少对于以英语为母语的学习者来说，例（1）常被认为是由母语语言规则的负迁移产生的典型偏误。学习者容易将汉语中表完成的了₁与英语的过去式等同起来，但并非简单地将二者区分开来就可以使问题得到解决。由于了₁本身的规则化程度不高，且了₁、了₂的意义和用法时有交叉，即使不把它等同于英语过去时态的语法标志，学习者仍然要么陷入目的语规则泛化，要么采取省略或回避策略。实际上对"昨天下午、去超市、买东西"这一事件，他们无法判断以下表达的正确性和准确性。

（3）＊昨天下午我去了超市买东西。

（4）＊昨天下午我去超市买了东西。

　　　昨天下午我去超市买了很多东西。

（5）＊昨天下午我去了超市买了东西。

　　　昨天下午我去了一趟超市，还买了很多东西。

（6）昨天下午我去超市买东西了。

按照邓守信的观点，目的语泛化跟语言点的规则化程度有关①。规则化程度高，不易出现规则泛化。规则化程度不高，容易出现规则泛化。从学习策略的角度来分析，这类偏误产生的原因是由于语言点的规则化程度低，使得学习者运用规则自主学习的策略失效而导致的，省略或回避则是这种学习策略失效之后的进一步结果，面对这种状况，学生唯有对失效的学习策略作出调整：在教师的帮助下，不断积累语言规则和实际运用经验，形成特殊的汉语特征意识，对学习策略作出更加合理的判断。在这一过程中，他们有可能尝试、接受过去曾被排斥而实际上更加有效的某些学习策略。

例（2）作为单句显然是不对的，但如果放在上下文中，在一定的语境下却可能正确。

（7）以前不喜欢旅行，现在我很喜欢旅行了。

这是典型的了₂的用法。在对外汉语教学中，应考虑篇章、语用因素②，

---

① 邓守信：《对外汉语语法点困难度评定》，《对外汉语教学语法探索》，中国社会科学出版社2001年版。

② 周小兵：《汉语第二语言教学语法的特点》，《中山大学学报》（社会科学版）2002年第6期。

贯穿语体意识和语境意识①。这样的做法不仅帮助学生对语言点有更加准确、深入的理解，也对他们能够重视篇章、语用，形成正确合理的学习的方法、策略有利。

可见目的语特征意识的培养是学习策略培训十分必要的中间过程，他构成了学生学习策略的选择与调整非常重要的判断依据。

（二）基于学生个体差异的教学方式的改进

通常我们会用学习效果的好坏来判断学习策略的有效性，然而在学习策略与学习效果之间并非只是简单的因果对应关系，一种学习策略是否有效，怎样才能达到最佳的学习效果，还与教学双方对整个教学活动的整体认识水平有关。就对外汉语教学而言，学生对学习对象（即汉语）的了解程度制约着他们对学习策略有效性的判断，可以通过教师的介入来逐步改善；同样，教师的教学效果也受对学习主体了解程度的限制。因此，基于学生个体差异的教学方式的改进正是从教学主体因素的角度出发来调整教师的教学，更好地帮助学生提高学习策略运用效果的一种努力。

以对教材的处理为例，除了一般的根据语言点的认知规律安排教学进度、考虑学生的生活背景、实际需求和兴趣点来选择合适的话题、材料以外，《实用速成汉语》（陕西师范大学出版社出版）的主编 Martin Symonds（石明理）先生还建议区分学生对认知事物的类型以调整教学方法。如在教材培训中，他期望透过下面的问卷来弄清楚学生对事物的认知和处理是属于分析型还是直觉型②：

请回答下列问题：

1. 我喜欢透过下列方式学习：

（a）细节及具体的事实　（b）借观察大纲得到事件的一般性概念

2. 我喜欢使用：

（a）逻辑　（b）我的直觉

3. 读中学时，我喜欢：

（a）数学　（b）艺术

---

① 周利芳：《对外汉语精读课教学中的语体观和语境观》，《天津外国语学院学报》2002 年第 3 期。

② 此处参考 Martin Symonds（石明理）先生 2003 年在陕西师范大学国际汉学院进行教材培训时的部分资料。

4. 我喜欢的课程或工作是：

（a）计划完善，所以我知道该怎么做

（b）开放式，随着课程的进展，随时有机会改变

5. 我自己读书或做研究时，我喜欢：

（a）十分安静（b）有背景音乐

6. 我很会：

（a）把想法按照逻辑顺序一步一步地排列

（b）显示想法间的关系

7. 学习语言时，我喜欢：

（a）文法胜过故事（b）故事胜过文法

8. 我喜欢：

（a）安排每日当做的事（b）随机应变

9. 我比较容易记得：

（a）名字（b）脸孔

10. 读书时，我喜欢去找：

（a）特定的细节及事实（b）主要观念

实际上，这是一种对学习主体自身条件深度了解，能够帮助教师弥补对教学方法和学生学习策略判断上的不足。假如以此来分析评价各种不同类型的第二语言教学方法，如直接法、听说法、交际（功能）法、沉浸式等，可以发现尽管有的教学方法可能被认为有些过时了，但就其不同的心理学依据而言，它们各有不同的适用人群。合理的教学方法的运用是一个动态的不断选择调整的过程，对学生个体差异的了解是教师判断的重要依据，并且在进行有关学习策略上的指导时，哪一类学生更倾向于采用哪种学习策略，或哪种学习策略更容易被哪一类学生接受也会更为清楚。

总的来说，在对外汉语教学中学习策略培训的具体实施具有极强的间接性、实践性和反思性。问题的关键在于教、学双方对学习策略的判断都需要倚靠对方的参与来补足，在这样一种双向建构当中，只有密切的合作和配合才能收到良好的效果。

谈留学生古代汉语课的教学
内容及课堂教学方法

刘　琳、陈　霜①

【摘要】在对外汉语教学中，古代汉语课对于促进留学生的现代汉语水平、理解中国人和中国文化、提高他们的个人修养，有着重要的作用。本文在厘清留学生古代汉语课的教学目的的基础上，讨论了这一课程的教学内容应主要包括文言短篇的阅读、常用实词虚词的学习、古代汉语基础知识和汉字基础知识的学习四部分内容，分析了现有的面对留学生的古代汉语教材，并以李禄兴的《今用古代汉语》为设计对象，进行了课堂教学法的举例和讨论，并详细介绍了篇章教学中的翻译法和诵读法。

【关键词】留学生；古代汉语；课堂教学；翻译法；诵读法

随着对外汉语教学事业的发展，对留学生的语言教学开始呈现多方向、多样貌的特征。对于学习汉语言本科专业的留学生来说，古代汉语已经成为一门不可缺少的必修课。而其他专业的留学生，出于对中国文化的兴趣、提高现代汉语的愿望和处理日常工作的需要，也有学习古代汉语的需求，不少留学生都已意识到古代汉语对现代汉语的写作和口语有着显著的影响。

古代汉语和现代汉语的源流关系决定了学好古代汉语课需要有一个比较好的现代汉语基础，反过来古代汉语也会促进现代汉语的学习，增进现代汉语的语感和水平，加深留学生对中国人和中国文化的理解，培养他们良好的汉语学习习惯，提高他们的个人修养。

---

① 刘琳（1979—　），女，陕西宝鸡人，北京师范大学博士，陕西师范大学国际汉学院讲师。主要研究方向为汉语言文字学、对外汉语教学。陈霜（1979—　），女，四川成都人，陕西师范大学硕士，北京联合大学旅游学院助理研究员。主要研究方向为汉语言文字学、对外汉语教学。

因为教学对象不同，留学生古代汉语课的教学目的与中国学生学习古汉语的目的有所区别。朱瑞平[①]认为，能够通过这门课使留学生具有借助工具书阅读浅易的文言文的能力，并能进一步了解古代汉语的基础知识和一些中国古代传统文化，为他们进一步系统地学习中国语言文学、中国哲学、中国历史等做好准备，是一个比较适当的教学目标。

从教学课型来看，留学生的古代汉语课是一门阅读课，在听说读写四项技能中只要求读的能力。本文将结合近年来笔者的教学实践，对留学生古代汉语课的教学内容、现有教材和课堂教学方法等方面发表一些浅见。

一　留学生古代汉语课的教学内容

留学生古代汉语课的教学目的是在工具书的帮助下读懂浅显的文言文，提高现代汉语书面语的能力，加深对中国人和中国文化的理解。因此，教学内容的设置必须与此目的相适应。我们认为，留学生古代汉语课的教学主要应该包含以下四个方面的内容：

第一，文言短篇的阅读。

正如留学生各种课型的教学都需要以课文为中心展开，古代汉语课也应选取适合的文言短篇作为核心课文进行教学，并带引出常用词汇和基本语法点。包含成语、神话、寓言出处的古文短篇，《论语》、《孟子》、《韩非子》、《吕氏春秋》等先秦诸子名篇，《左传》、《史记》、《汉书》等史学名著，《桃花源记》、《师说》、《爱莲说》等古典散文名篇，古典小说如四大名著的选篇等，都是很好的选择。

篇章的选择还要兼顾精读和泛读的不同需求。精读课文应短而精，适合课堂教学的时长，便于朗读和背诵，难度不妨略高，生词和语法点较为集中，教师可在课堂上进行充分讲解。泛读课文则可篇幅稍长，在语法点和生词上与精读课文相呼应，注解详尽，教师只需介绍主要背景，阅读理解让学生在课下完成，以此训练他们借助工具书自主阅读浅显文言文的能力。

不少研讨留学生古代汉语教学的论文都提出要进行经典古诗词的教学[②]，诚然，经典古诗词有自己的教学优势，篇幅短小，韵律优美，朗朗上

---

① 朱瑞平：《关于对外汉语教学中"古代汉语"教学及教材建设的几点思考》，《北京师范大学学报》（人文社会科学版）2001 年第 6 期，第 117 页。

② 如辽宁大学郑姝的硕士论文《谈对外汉语教学中的古代汉语教学》（2012 年），山东大学杨珍的硕士论文《对泰大学生古代汉语情境教学模式设计》（2012 年）等。

口，易于记诵，且传诵度高，容易在与中国人的交流中引起共鸣。但是，我们认为，作为留学生古代汉语教学的课文还是不合适的。首先，由于受到体裁和韵律的要求限制，古诗词字数很少，其中涉及的汉字、词汇、语法内容也比较少，对于文言文知识点的覆盖和引出不利。其次，古诗词的短小精练使之能传达的信息相对于散文要少得多，加上文学创作曲折含蓄的审美影响，古诗词传情达意并不在字面理解这一个浅白的层次，留学生即使读懂了每一句诗词，整首诗连起来也难以体会作者要表达的思想感情，这种学习容易产生挫败感。再次，即便是中国人读古诗词，往往也需要了解诗人生平、创作背景等众多相关信息才能正确理解诗意。因此，对留学生进行古诗词教学，需要更多的背景知识介绍，这种教学方式会削弱学生对于文本本身的理解，也就是说，他们主要依靠诗词之外的信息来理解诗意，那么这种学习就对文言文阅读能力的提高益处不大。因此，我们认为，古诗词更适合作为一般性的阅读材料、古代文学课的教学或赏析内容，而不太适合成为留学生古代汉语课的课文。

第二，常用实词和虚词的教学。

古代汉语的词汇教学应包括实词和虚词两大部分。实词的选取没有一定之规，以选讲篇目中的词来带引现代汉语的词，应剔除或减少生僻的、现代汉语已经不使用的词，而以现代汉语常用词的对应古汉语表达为主要教学内容，其中古今异义词、在现代汉语中具有极强的构词能力的词语是教学的重点。如"李白少读书，未成，弃去"一句，"读书"、"成"、"弃"的意义和现代汉语基本相同，学生理解没有障碍，只需要知道对应的现代汉语双音节词是"读书"、"完成"、"放弃"即可。"未"当"没有"讲，在现代汉语中不能独立成词，但可以作为语素构建"未来"、"未婚"、"未成年"等现代汉语常用词；"去"当"离开"讲，这一词义在现代汉语独立成词时已经消失，但还保留在"去世"、"去职"这样的双音节常用词中。所以"未"、"去"这样的词应是学习的重点。了解现代汉语中构词能力最强的一批语素的词义系统，掌握汉语词之间的组合规律，就能逐渐学会通过分析、预测来理解和记忆新词。

古代汉语的常用虚词数量有限，但用法复杂，可根据难度并参考选讲篇目中出现的频率和先后顺序循序渐进地安排教学。对留学生而言，古代汉语的常用虚词主要有 16 个，即：于（於）、乎、以、为、而、则、虽、且、如、若、然、之、者、所、其、何等，掌握其基本含义，是能独立进行文言文阅读的必要条件。

第三，古代汉语基础知识的教学。

古代汉语的基础知识包括古汉语语法、常用术语、文化常识等内容。

古汉语语法主要包括词类活用、特殊句式和固定结构。词类活用如名词、形容词、数词活用作一般动词、使动用法、意动用法、名词作状语等。特殊句式如判断句、被动句、双宾语句、宾语前置句、省略句、倒装句、比较句等。固定结构如"惟……是……""岂……哉""非……不……""何如""然而""然后""之所以""有……者""宁……无……""以……为……"等。固定结构在中国学生的古汉语教学中并不十分重要，甚少作为独立教学项目提出，多出现在文选的注解中，但面对没有中国传统文化基础、缺乏古汉语语感的留学生，提炼出制式化的固定结构，是掌握古汉语表达、提高理解速度的便捷方式。

常用术语指古今字、通假字、同源字、异体字、繁简字、本义、引申义等专业术语和读若、读如、某同某等古书注解常用术语。此外，为了达到独立自主阅读浅显文言文的教学目的，以及进行必要的预习和复习，介绍古汉语的常用工具书及查词典的方法，也是不可缺少却常被忽略的教学内容。

古代文化常识是古汉语学习的有益补充，对于留学生来说，是较高的学习要求，可作为补充教学内容。这方面的内容非常丰富，如古人的姓名、职官、古代的地理、历法、经史子集、古书的注解和标点、古文的修辞和诗词韵律等，都可适当选取。

第四，汉字基础知识的教学。

古代汉语的汉字教学应与词汇教学区别开来。古代汉语的词汇以单音节词为主，表现在书面上就是以一个汉字为记录单位，但字并不等同于词，词汇教学的重点是词义，汉字教学则应以字形为中心。

我们认为，留学生古代汉语课的汉字基础知识教学应包括汉字的结构和发展、汉字的偏旁和简单的汉字文化知识。汉字的结构包括象形、指事、会意、形声等造字法和上下、左右、内外、包围等结构形式，汉字的发展主要包括汉字的形体演变和发展趋势。汉字的偏旁部首在构字中具有相当固定的表音或表意的作用，掌握了汉字偏旁，就等于掌握了汉字字义系统的一把钥匙，不但能梳理巩固已经学过的汉字和词汇，还能帮助分析、预测、理解新字新词，对于现代汉语词汇量的扩大有明显的效果。如"页"字，甲骨文字形象人的头部之形，"页"作为偏旁参与构建的字都表示与头有关的意义，如"题""额""顾""颈""项""颜""颗""领"等，知道了这些字所记录的词与头部的关系，学生们就能更好地理解为什么叫做

"题目"，为什么说"回顾"、"瞻前顾后"、"顾盼"，为什么"颗"会用来作为小而圆的物品的量词。简单的汉字文化知识如汉字所反映出的婚姻家庭、饮食、人体、音乐、民俗等各方面的文化现象，如"婚"、"妻"、"娶"等字所反映出的远古抢婚制，与遮盖头、新娘脚不沾地、哭嫁等民间婚俗互相映照，非常有趣，能够有效地调动留学生的学习热情和积极性。

二　面对留学生的古代汉语教材

目前国内面对留学生的古代汉语教材主要有以下八种，按出版时间排列如下：

（1）贾玉芳、刘永山主编的《古文初渡》，1992年北京语言学院出版社出版；

（2）董明主编的《古文趣读》，1992年北京师范大学出版社出版；

（3）王硕主编的《汉语古文读本》，1998年北京大学出版社出版，2010年修订再版；

（4）徐宗才主编的《古代汉语》（1—3册），1998年北京语言文化大学出版社出版，2010年3月和7月对第一册和第二册分别进行了修订再版；

（5）王海棻主编的《古代汉语简明读本》，2002年社会科学文献出版社出版；

（6）李禄兴主编的《今用古代汉语》（上下册），2006年北京语言文化大学出版社出版；

（7）史建伟主编的《简明留学生古代汉语读本》，2009年南开大学出版社出版；

（8）周莹主编的《古汉语入门》，2009年北京语言大学出版社出版。

海外的汉语学习者使用的有一些是国内的经典教材，如越南现港外国语大学目前使用的古代汉语教材是由郭锡良、唐作藩、何九盈、蒋绍愚等人编著的面对中国高校本科生的《古代汉语》，1999年商务印书馆出版①。此外也有一些海外学者自己编写了针对第二语言学习者的古代汉语教材，据寇志明②介绍，美国、澳大利亚的古代汉语教材有如下几种：美国德州大学珍妮特·L.佛洛特主编的《中国古典之语言入门：实用介绍》；米德尔贝里学院

---

① 见武决战的硕士学位论文《越南高校古代汉语教学的调查与研究》，广西大学，2011年，第17页。

② ［澳］寇志明：《海外大学里的古汉语》，《寻根》2003年第6期，第49—53页。

的江贵格主编的《龙文墨影》，麦克·富勒主编的《古代汉语入门》，王方宇主编的《文言入门》；澳大利亚悉尼大学 A. D. 西罗康姆拉—斯蒂芬诺夫斯卡主编的《文言读本》。据武决战①介绍，越南使用的古代汉语教材主要是授课教师自编，很多没有正式出版，如越南范玉含 2008 年主编的《古代汉语》，供河内国家大学所属外语大学学生复印使用；陈英俊 2007 年主编的《文言文》，供胡志明市人文与社会科学大学学生复印使用。

以上各种教材，除了在海外出版使用的以外，国内的各种教材笔者都曾仔细研读，目前在教学中使用的是李禄兴的《今用古代汉语》。这套教材最重要的特色是将古代汉语和现代汉语书面语紧密地结合起来，无论是篇目的选取、语法点的选择，还是课后练习的设计、文化常识的介绍，无一不体现了古代汉语在现代汉语中的留存和使用。

这套教材选取的课文以成语故事、寓言典故为主，篇名均使用成语或惯用语，每篇课文 50—150 字，注释详细，基本每个句子都有翻译。选篇中没有古典诗词，每课一篇正课文，没有泛读课文或阅读练习。每一课分为古语今用及题解、课文及注释、语法释析、汉字偏旁、练习和文化常识六大部分。古语今用及题解部分是本课成语在现代汉语中的使用例句和成语意义的解释。语法点每课二至三个，均是古代汉语的基础语法，如宾语前置、判断句、形容词的使动和意动用法，或在现代汉语书面语中常出现的虚词和固定结构，如"而"、"者"、"何如"、"惟……是……"等。汉字偏旁每课两个，通过介绍偏旁的字形来源和意义让学生掌握这一偏旁作为构字部件参与构字后，对整个汉字的意义所起的作用，从而使汉字的识认系统化，也为学习新的汉字提供了有力的辨识手段。课后练习每课七项，分别针对课文内容理解、实词意义、语法点、汉字偏旁和成语运用进行练习。文化常识附在每课练习之后，是与课文内容有关的文化知识，如李白、《史记》、《战国策》的简介，或一些无法进入语法点的古代汉语常识，如通假字与古今字、古汉语中的反义词、人称代词等。

这套教材是面向汉语专业本科二年级、HSK 六级以上水平的留学生的，因而难度较低，容易被学生接受。笔者使用多年，教学效果良好。下文介绍的几种课堂教学方法，就是在使用这套教材的教学实践过程中总结出来的。

---

① 武决战：《越南高校古代汉语教学的调查与研究》，硕士学位论文，广西大学，2011 年，第16—17 页。

三　留学生古代汉语课的课堂教学法举例

留学生古代汉语课的课堂教学，应遵循针对性、适度性、系统性和趣味性的教学原则。笔者的课堂教学以李禄兴的《今用古代汉语》为设计对象，每一课的基本教学安排如下：

第一，成语（课文题目）的题解及应用。

第二，朗读课文。示范朗读、难字标音、领读、学生跟读、齐读、个别读。

第三，课文讲解。逐字逐句讲解，强调准确的直接翻译。语法仅提示不讲解，以完整地理解课文为中心。

第四，课文考查。复习抽查重点字词的意义，学生独立进行全文翻译。

第五，课文当堂背诵。从看着译文背、看着提示词背到完全默背，逐步进行。

第六，语法点学习。语法点讲解、举例和练习，课后练习的相应部分安排到此处进行。

第七，汉字偏旁学习。介绍某个汉字偏旁的来源及意义，梳理这个偏旁所构建的汉字群，以及组成现代汉语常用双音节词。

第八，文化常识学习。根据课堂教学的进度安排，多数文化常识只讲难点，全文阅读布置为课下作业，上课时再以提问方式检查阅读的完成情况。

课堂教学内容主要包括篇章、词汇、语法、汉字四个方面。篇章教学要求理解课文内容，能进行准确的翻译，并进一步把握作者所要表达的思想感情，以翻译和背诵为主要方法。词汇教学贯穿在篇章教学之中，对于重点和难点词要讲明本义和引申义，进行古今词义的比较，辨别异同，因此古今异义词是教学的重点。古汉语以单音节词为主，现代汉语以双音节词为主，因此古今单双音节词语的对应是一种很好的训练，单音节词的组词扩展练习也可以有效地增加现代汉语词汇量。因此，课文讲解翻译之后，进行词语的归纳和专项练习是必不可少的。语法教学以理解和记忆为主，最好能提炼出便于掌握和记忆的格式或者结构。在讲解基本用法之后，要多分析例句，并进行相应的阅读理解练习。汉字教学相对独立，可根据学生的实际水平调整难度。如果学生的现代汉语基础较好，可以向汉字结构分析、构字理据、文化信息、字形演变、词义引申等方面延伸；现代汉语基础比较薄弱的，仅介绍汉字偏旁的来源及意义、识认此偏旁参构的汉字、了解其在现代汉语中的常用义并能组词即可，以扩展汉字量和词汇量为主要目标。

1. 篇章教学之翻译法举例

《今用古代汉语》上册第三课《守株待兔》①：

> 宋人有耕者，田中有株，兔走触株，折颈而死。因释其耒而守株，冀复得兔。兔不可复得，而身为宋国笑。今欲以先王之政，治当世之民，皆守株之类也。

> 　　　　　　　　　　　　　　　　　　　《韩非子·五蠹》

这部教材的注释比较详尽，以小句为单位，在注解句中难词后，有整句翻译，但教材给出的翻译是意译，并不追求古汉语词与现代汉语词的对应。如"因释其耒而守株"一句翻译为"于是不再种地，就（专门）守着树桩子"。意译法有自己的优点，但是对于初学古代汉语的留学生来说是不适宜的。这一句如此翻译，则"释其耒"三字没有着落，学生难以记住"释"的意义、"其"指代什么、"耒"为何物。因此，笔者要求学生使用直译法，在译文符合现代汉语规范的前提下，尽量保持古汉语的语序和语法特征，这对于学生理解每一个词、掌握古代汉语语法特点、背诵课文都是非常有利的。因此，这一句应该直译为"于是放下他的耒就守着树桩子"。

为了强调字字有着落，翻译练习时教师的指导技巧也很重要。讲解时要逐字逐句讲，翻译时要用笔指点着黑板上的课文，逐字翻译，以免学生漏掉个别不影响句义理解的词。

2. 篇章教学之诵读法举例

朗读和背诵一直是古代汉语学习的重要方法，诵读是一个多种感官合作的活动，能够培养学生的语感和乐感，掌握断句，增加熟悉度，从声觉方面体验汉语的韵律美，在熟读成诵的基础上还可逐渐加深对文章的理解。在熟读和理解之后，只要掌握正确的方法，一般都能当堂完成课文背诵，这对于提高学生的信心和学习热情，有极大的鼓舞作用。

以《守株待兔》一课为例，课文教学从教师范读开始，然后标出并领读学生容易读不准的个别字音，如"株、触、颈、耒、冀、为"等。以领读、学生跟读、齐读、个别读、轮序读等多种方式加强大家对课文的熟悉度和语感，并纠正断句错误。在学生能够准确无误、较为流利地朗读课文之后，进行课文的讲解和翻译，再完成背诵。

---

①　李禄兴：《今用古代汉语》（上册），北京语言文化大学出版社 2006 年版，第 19 页。

第一步，背诵练习从古今词语的对译开始。用 PowerPoint 展示课文重点词：

有……者、耕、株、走、触、颈、因、释、冀、复、身、为、笑、欲、以、先、政、治、民、皆。

请学生翻译为现代汉语。然后关闭 PowerPoint，用现代汉语词提问，请学生回答相应的古代汉语词。如提问"想要"，学生回答"欲"，提问"脖子"，学生回答"颈"。

第二步，看着现代汉语译文翻译成古代汉语原文。PowerPoint 展示译文：

宋国有一个种田的人，田里有一个树桩子。一只兔子跑过来撞到了树桩子上，折断脖子就死了。于是（这个人）放下他的农具耒，就守着树桩子，希望再一次得到兔子。兔子不可能再次得到，但自己（却）被宋国人嘲笑。现在想要用以前国王的政策，治理当代的老百姓，都是守株待兔一类的事情。

这一步练习需要教师进行提示和指导，如"一只兔子跑过来撞到了树桩子上"，首先要告诉学生这句话有四个字，然后用笔指着黑板上的"兔"、"跑"、"撞"和"树桩子"四个词引导学生说出"兔走触株"。此外，要注意译文为翻译服务，比如"折颈而死"的"而"可以不翻译，但是为了背诵方便，把它翻译成"就"比省略掉更好。古代汉语中还有一些无法翻译成现代汉语的语助词，如"也"、"而"、"夫"、"矣"等，在做这一步背诵练习时要提示学生特别记忆。

第三步，根据课文提示复述课文。PowerPoint 展示课文结构，仅给出小句首字：

宋……田……兔……折……

因……冀……

兔……而……

今……治……皆……

这一步的练习旨在训练学生对每一句的熟悉度，不要求记忆句序。学生在练习中能很快发现自己最不熟练的句子，就会再次诵读和记忆。

第四步，无提示全文背诵。这一步的练习要在熟悉小句的前提下记忆句序，在进行之前，教师可以先引导学生把全文按故事顺序或逻辑顺序串联一遍，也可在学生背诵中断时用适当的问句给予提示。

整个背诵过程大约 20 分钟，大部分学生在完成第二步时已基本成诵，第三步时提高熟练度。但也有背诵较为困难的学生，教师要根据情况区别对待，如无法完成背诵，能够准确流利地朗读即可，不要因此打击学生学习古代汉语的信心和积极性。

以上我们举例说明了古代汉语课篇章教学的翻译法和诵读法。当然教学内容的各个方面是互相影响贯通的，比如篇章教学要和词汇教学结合起来，但又要各有侧重，篇章教学以课文的理解和准确翻译为重点，词汇教学则以古今词语的区别和联系为中心，并要注意总结词义的系统性。词汇教学和汉字教学也密切相关，在词语的教学中，如果从字的本义、语素的基本义出发来解释词的本义及引申义，并联系现代汉语的相关词语，会达到事半功倍的效果。

对外汉语中级听力教学中的文化教学

张欲晓①

张欲晓①

【摘要】 听力教学是对外汉语教学的重要组成部分，在听力教学中，学生不仅要把握对词汇、语用规则、语气等语言因素的理解，更要理解非语言因素如文化知识的含义，这样才能真正把握所听语料的意义。中级听力教学，培养学生的文化能力是必需的，是继续向高阶段学习的必要条件。因此，笔者结合教学实际，从熟语教学、中国国情教学和文化知识教学三个方面来说明文化教学的必要性，并提出了相应的教学方法。

【关键词】 文化能力；熟语；中国国情；文化知识

听是人类言语交际的重要方式之一。在人类交际的行为中，听和说是相互依存、缺一不可的，因此听力教学也就和口语教学等其他学科一样，是对外汉语教学的重要组成部分。听力是指听别人说话的能力，它要求听者对言语符号进行接收并进行解码。而这里的言语符号指的是汉语的一个个音义结合体、词汇和由这些词汇组成的语流。汉语自身独特的特点要求听者对听到的内容做语音、语法和语义三个层面的分析，从而理解这些符号所包含的意义。这个过程是一个动态的、不断转化的过程，新的语言材料进入听者大脑中，同时会唤起听者的大脑存储的汉语知识，使这些新信息和大脑已有的信息建立联系，对这些信息进行分析、归纳和概括，从而形成对新信息的理解。这个在短时间内进行的动态过程势必会受到很多因素的影响：语音、词汇量、语法知识、语用规则、文化知识、语速、语气等。同时，语言是文化

① 张欲晓（1981—　），女，河南南阳人，陕西师范大学国际汉学院讲师。主要研究方向为汉语国际教育和海外汉学。

的载体，反映了一个民族的价值观念、是非标准、社会习俗、心理特点、思维方式、价值观、审美观等，这些要素也就组成了与语言理解和语言使用密切相关的交际文化。学生要做到完全把握听力材料的意思，离不开对文化知识的了解。因此对文化知识的理解也成了影响听力课中学生听懂的重要因素之一。可见，听力理解不仅仅是对语言信息如语音、词汇、语法等方面的理解，而且还包括对语言材料所包含的各种非语言信息如文化知识方面的理解。

中级听力教学是一个特殊的阶段，留学生刚刚完成了初级阶段的学习，具有了一定的词汇量、语用规则、熟语等，具备了一定的听懂能力，马上进入更高的学习阶段。大家知道，对外汉语教学应该以培养学生的交际能力为宗旨，对于中高级学生来讲，这种能力的培养是非常迫切的。而语言交际能力的一个重要组成部分就是文化能力，学生具备了这种文化能力，就能排除汉语信息中存在的文化障碍，使交际顺利地进行。因此文化知识的教学在听力教学中的重要作用也就不言而喻了。笔者结合对外汉语中级听力教学的实践，以及在实际授课中遇到的实际问题，从熟语教学、中国国情教学和文化知识的教学三个方面来说明听力教学中的文化教学的重要性并提出了相应的教学方法。

一　熟语教学

听力语言材料中有熟语，学生很多时候不能很快把握材料的正确意思。熟语是语言中的固定组合，它是在人们长期使用的过程中形成固定下来的，包括有成语、格言、谚语、歇后语等。熟语数量上很大，浩如烟海，并且来源广泛，大都是来源于民族语言的历史因素，有很大一部分来源于古代文化典籍，也有一些是普通百姓的创作，很多也找寻不到出处。内容上也具有中国特色，所反映的事物和观念等都带有浓厚的民族文化印记。这些熟语光看书面上字词是不能真正理解的，很多都有深层含义，有深刻的文化内涵。

1. 男：你看你，为小朋的婚事急得头发都白了不少，何苦呢？

   女：站着说话不腰疼，我们换个个儿试试？

   问：女的是什么意思？

   A. 你这样说是因为你站着

   B. 因为这件事跟你没关系，你才会这样说

   C. 因为你的腰不疼，所以你不着急

   D. 我们换个位置，你腰就不疼了

2. 女：外面刮风下雪的，你还出去干吗？

  男：你不出去，我也不出去，我们一家喝西北风啊？

  问：男的可能去干什么？

  A. 出去看看是刮风还是下雪　　B. 出去看看风雪大不大

  C. 出去呼吸一下新鲜空气　　　D. 出去买点儿吃的东西

3. 男：小周，你对这儿的情况比较理解，老孟这个人怎么样？

  女：四个字：见钱眼开。

  问：女的认为老孟是个怎样的人？

  A. 不喜欢钱　B. 经常捡到钱　C. 很大方　D. 很贪财

4. 男：小刘，你是属龙的还是属羊的？

  女：对不起，本人无可奉告。

  问：女的为什么不回答对方的问题？

  A. 不知道怎么回答　　　B. 不明白对方的问题

  C. 不想知道对方的年龄　D. 不想说出自己的年龄

以上例子中，"站着说话不腰疼"和"喝西北风"都是谚语，前者表示事情和自己没有关系，一点都不担心；后者表示没有任何东西吃。"见钱眼开"和"无可奉告"都是成语，前者表示看见钱就把眼睛睁得很大，形容非常贪财；后者表示没有什么可以告诉的。在这些材料中，这些谚语和成语正是语料中的关键词语，如果学生不能正确理解这些熟语的意思，也就不能理解这些材料的意义。

在听力语料中有意识地设置词语障碍是培养学生听力的有效方法，老师在进行听力教学时对这些关键词语——熟语的讲解要有灵活性，可以直接讲解听力材料其中的文化意义，也可以在大量的具体语境中让学生自己体味出其中的含义，还可以通过适当的引导让学生理解熟语的意思，从而让学生逐步提高自己的文化能力。另一方面，在日常的教学中结合所学内容有意识地引入一些熟语，既可以活跃课堂气氛，又可以充实教学内容，使学生在具体的情境中接受更多的文化知识。教师在教学中用平常的语言和熟语两种语言方式表达同一意思，让学生自己体会出熟语短小精悍、形象生动的特点，鼓励学生适当运用这些熟语，增加学生继续学习的自信。

二　中国国情的教学

世界上没有固定不变的事物，语言更是如此，它是人类最重要的交际工具，存在于运用之中。所以斯大林说过："语言随着社会的产生和发展而产生和发展。社会以外是没有语言的。"随着社会的发展，新事物、新概念层出不穷，人们的思维也越来越细致复杂，这些都会向交际提出新的要求，推动语言不断丰富词汇，改进语法。社会的发展变迁必然会在语言的词汇里留下反映各个时代的特色的词语，因此，反映中国的国情特征的词语一定会出现在人们的实际交际中，因此了解并掌握相关的国情知识对于留学生来说就显得尤为重要。这其中的原因我们可以从以下的几个例子中清晰地看出来。

1. 女：都三十好几的人了，个人问题还没有解决，你不急我还急呢！

　　男：妈，急什么，咱这不是响应政府的号召嘛？

　　问：女的为什么着急？

　　A. 因为她有一个儿子　　　　B. 因为儿子已经三十多岁了

　　C. 因为儿子到现在还没结婚　D. 因为她是个急性子

2. 女：老张，你怎么也赶时髦"下海"了？

　　男：在学校一待就是二十多年，早就想出来看看外面的世界了。

　　问：男的可能从事什么工作？

　　A. 教育工作　B. 商业工作　C. 渔业工作　D. 文化工作

3. 男：今天真气死我了！

　　女：怎么了？

　　男：我和我女朋友去开证明，登记结婚，可办事处的老太太就是不给开，你说气人不气人？

　　女：为什么不给开？

　　男：她说我的年龄还不到 25 岁。

　　女：你今年多大？

　　男：25 呀，可是下个月才是我的生日，她说还差 18 天。

　　女：差 18 天就不给登记也太死板了！

　　男：就是嘛！

　　问：老太太不给他开证明是因为什么？

　　A. 他不到晚婚年龄　　　　B. 他没有工作

　　C. 他太年轻，还不懂事　　D. 他工作得不好

上面的例子中，第一个是个人问题，政府的号召就是晚婚晚育，所以年龄大的人的个人问题就是结婚；第二个是"下海"，指的是原来不是经商的人改行经商，这里的海指的是商海，这是中国的国情之一，中国人把经济的发展浮动比喻成潮涨潮落，所以下海就是经商的意思；第三更是涉及中国国情以及政策，没有相关的了解是不容易选出正确答案的。这些都是和中国国

情有关的，如果对中国的社会情况没有了解，就不能正确地理解语料的意思。因此，在实际的教学过程中，要根据学生的实际水平以及教材所涉及的中国社会问题，对学生作适当地介绍，以提高学生的交际能力，并培养学生对汉语的学习兴趣。这样一方面可以充实课堂教学内容，另一方面又可以加深他们对中国的了解，更重要的是提高了学生对听力学习的兴趣。

三　文化知识的教学

语言是记录文化的符号体系，是文化的重要载体，语言和文化相互制约、相互依存，要了解语言背后的文化，必须掌握这些符号；然而要想真正学好一门语言，也必须学好这语言背后的文化。每个国家和民族的语言不同，这些语言所负载的文化更是存在着巨大的差异，而文化常识和习俗的不同又是文化差异的主要表现。因此，了解一个国家的社会习俗对语言的学习是至关重要的。

1. 农历十月上旬是"立冬"，这个节气表示冬季开始了。

   问：立冬是怎么回事？

   A. 是一个季节　　　B. 是一个节气

   C. 是农历的十月　　D. 表示冬季

2. 农历的纪年与公历不一样，它以"天干"、"地支"来表示某一年的顺序。

   问：什么不一样？

   A. 纪年　　　B. 天干　　　C. 地支　　　D. 顺序

3. 男：商店里怎么这么些人啊？

   女：今天不是除夕吗？明天就过新年了，当然人多了。

   问：今天是什么日子？

   A. 今天是新年　　　　　　B. 今天是星期天

   C. 今天是一年的最后一天　D. 今天是春节

"天干"和"地支"是古代纪年的方法，而"立冬"是二十四节气之一，而第三更是纯粹问"除夕"的意义，不了解中国的传统节日及其相关内容的话就回答不出来。真正地掌握一门语言，必须要了解相应的文化，而这里所说的文化也是广义的。教师可以结合教材或者补充语言材料，对这些语言背后所掩藏的文化知识灵活处理，有选择地、有重点地增加文化方面的学习，使学生在有意识的指引下提高文化交际能力。

总之，对外汉语中级听力教学中的文化教学是非常重要的，也是非常必要的。这里的文化是广义的，无论是常用的惯用语、成语、歇后语等熟语，中国现在国情的介绍，还是文化知识的传授都是非常必要的，都要根据学生的实际接受水平和兴趣爱好进行有步骤的教学，使学生在循序渐进地学习中积累与文化相关的知识储备，增加和扩大学生言语信息的储存量。同时要培养学生的联想和猜测能力，这样可以激活学生大脑中已经存在的言语信息。语言是文化的载体，文化离不开语言，所以真正地理解语言，必须把握其后的文化信息。

汉语国际教育实践研究

论以宽口径模式培养汉语国际教育专业硕士的必要性

邵　英①

【摘要】汉语国际教育专业是比较年轻的专业。它与汉语言文学专业有着本质的区别。"汉语国际教育"由汉语、国际、教育三个要素组成。三者之间形成互为依存、循环、关联的三角关系，又因为汉语的特点，决定了汉语国际教育有别于传统教育的形式和特色。汉语国际教育在符合教育规律和语言教学与学习规律的同时，必须适应全球一体化的语言人才的需要。汉语国际教育专业的培养模式和课程设置应该以汉语、国际、教育三个要素为核心，正确认识和处理汉语言学理论知识、国际社会需求和国际教育理念三者之间的关系，实现终极培养目标。

【关键词】汉语国际教育；宽口径；跨学科

"汉语国际教育"是 2007 年中国设立的一种专业硕士学位，其英文名称为"Master of Teaching Chinese to Speakers of Other Languages"，简称 MTC-SOL。但在 1993 年，"对外汉语"作为学科专业名称已经出现在中国正式的专业、学科目录上，且沿用至今②。2013 年全国普通高校招生目录中，"汉语国际教育"以大学四年制的本科专业名称取代了原先的"对外汉语"名称。这说明，国家教育部门将汉语作为二语教学的普遍性和重要性提升到了一个新高度，已经从顶层设计方面显示了这一专业培养目标的新取向。

"汉语国际教育"由汉语、国际、教育三个要素并列组成，三者之间形

---

①　邵英（1963—　），女，博士，陕西师范大学国际汉学院副教授。主要研究方向为汉语言文字学、汉语国际教育。该论文为陕西师范大学 2014 年度校级重点教学改革研究项目（14JG22）阶段性成果。

②　虽然自 2013 年起，"对外汉语"作为学科专业名称已经被"汉语国际教育"取代，但人们还是习惯用旧称。

成互为依存、循环、关联的三角辩证关系。"汉语国际教育"作为专业名称，不仅继续彰显了与传统学科"汉语言文学"专业在培养目标上有质的区别，同时更加突出了人才的适用范围，也涵盖了全球语境下未来汉语教师所需的素养。那么也就意味着在具体实施过程中，培养单位和授课教师需要在培养计划、教学理念、课程设置等相关项目作出调整与更新，需要体现汉语、国际、教育三者关联性的一系列课目。

下面我们分别从汉语、国际、教育的角度论证三者之间互为辩证关系下对受教者的期求，进而阐明国际汉语教育专业硕士的培养模式、课程设置必须遵循跨学科宽口径的模式原则。

一　汉语与国际、教育的辩证关系

（一）汉语之于国际：提供中国与世界沟通的语言媒介

汉语不仅是人类历史上一种从未间断过的古老语言，而且也是当今世界上作为母语使用人数最多的一种语言。使用该语言的人数约占全球人口的15%。汉语还是联合国大会六种正式语言和安理会六种工作语言之一。① 因此，联合国的所有会议都要配有汉语言的同步翻译；所有的正式文件，都必须有纸质或在网上发布汉语言文字的翻译版本。这就意味着汉语不只是作为一种母语被使用，而是意味着汉语也是世界广泛需求的一种语言。汉语言文字已经成为世界上使用最为广泛的一种语言文字。

在中国，有史记载以来，无论是殷商的甲骨文，还是西周的主要文字形式金文，还是后来的篆书以及现代汉字，它们就像中国历史一样，从未断裂，从源头延伸而来，是一条特有的语言文字河流，形成了自有的结构与序列，凝练沉积下富裕的河床。无论是梳理和探究中国文明的传统，还是介绍中国的文化和当代社会，汉语、汉字则是必由路径。

近十年，随着中国经济的迅速发展，中国与世界各国的交往日益频繁，中外贸易比重逐年增加，尤其是中国制造业在世界的影响力在大幅度提升，各类产品越来越受到世界消费者的欢迎，如海尔等。在货币使用方面，人民币也已经为一些国家所接受，可以直接结算。同时，中国人以各种形式为了各种目的走出国门的数量亦逐年增加，汉语、汉字、中国元素随之活跃于国际社会的各个领域，频繁地出现在世界许多国家和地区。

历史上原属汉字文化圈的一些国家，曾在一段时期内强制取消汉字，但

---

① baike. so. com 2013 - 03 - 23.

在最近几年又悄然开通了汉语网站等政府主导下的媒体机构。如2013年底，韩国已经有四个政府机构开设了汉语平台。其他地区的许多国家也已经将汉语列为第二外语或第一外语，加入大、中、小学的授课内容。如美国政府认定中文是"至关重要的语言"，美国芝加哥的教育部门更是将中文列为第一外语。因为在芝加哥商界认为中文是最需要的外语。

21世纪，中国以全方位的角度迅速崛起，越来越多的国家与中国在外交、政治、经济、教育等领域建立了密切关系。2004年，国家汉办为了满足世界希望学习汉语、了解中国文化的群体的愿景，在继续做好欢迎来华学习的传统学习方式外，主动走出国门，选派有汉语作为二语教学经验且综合素质高的教师去当地从事汉语教学。截至目前，国家汉办在全球的120个国家和地区建立了440所孔子学院和646个孔子课堂，吸纳注册学员达85万人。①

汉语是中国历史文化的载体，是中国人民彼此交往的最主要的工具，也是中国与国际社会沟通的主要媒介，是中华文化传播得以发展的基础。世界想要全面了解中国，了解中国的历史、哲学、民俗、思维特征、政治制度和行为方式等，就得接触汉语言文字，学习汉语言文字，就得了解汉语表情达意的词语与句式结构，句与句的连贯方式，认知其书写规律。同样，中国要继续发展，实现伟大的民族复兴之梦，就需要有宽阔的胸怀，广纳世界贤才，吸引整合国际优秀人才，与国际接轨，走向国际舞台，融入国际大家庭，也得寻求一种传递信息跨越障碍进行有效沟通的方式，让国际社会听得懂我们的语言表述，认知我们所书写的文字符号，理解我们语言所言表的意义。

中国渴望走向世界，世界需要走进中国。因此，汉语也自然会传遍世界，世界会听到更多说汉语的声音、看到更多用汉字书写的信息。汉语是传播中国故事、实现并弘扬自身价值的根本，是中国与世界进行双向沟通、交流的直接媒介。因为"语言是所有社会生活的基础"②，语言教会我们如何去看待。

（二）汉语之于教育：提供丰富的语言学语料

汉语是汉语国际教育存在的前提，没有汉语就没有汉语国际教育，也就

---

① 《中国教育报》2013年12月9日第1版。

② ［法］埃米尔·本维尼斯特：《普通语言学问题》，王东亮等译，生活·读书·新知三联书店2008年版，第58页。

没有新汉学研究。在历史上，汉语曾经被动地接受外族学者的关注和研究。如 16、17 世纪以来的西方传教士汉学家。有意思的是，早期西方传教士们意识到想要这片国土的人们接纳他们的信仰，他们得先学习这些人的语言和文字，他们得成为"我们"继而成为"咱们"。如利玛窦、汤若望等。他们关注与研究汉语言文字目的原本是想更好地让中国人接受其宗教思想，认可其行为方式和文化观念，但是却从开始的学习转向研究汉语之路，成为早期颇有影响的汉学家。

在语言学研究领域，除了 20 世纪初高本汉等极少数语言学家对汉语进行了较为深入的研究外，西方语言学界少有关于汉语的研究讨论，专业语言学家关注过中国语言和文字的人少之又少。语言学家们多是以印欧系语言为考察对象。他们或是对西方某一种语言进行细致的描写分析，或是将两种语言进行对比研究。如费尔迪南·德·索绪尔被誉为现代语言学之父，但在其著名的《普通语言学教程》中却没有一项是涉及中国语言的，这与人类语言现象不符，也是非常大的遗憾。

要揭示人类语言的奥秘，厘清人类语言发明的本源，建构语言学研究脉络，汉语言有着丰富的材料，有许多等待中外语言学家们探讨的内容。比如汉语语音富有乐感式的跌宕起伏、古音到今音的音读变化、汉字的演变发展规律、中国各地的不同方言、汉语语词义项与话语、行为的显性隐性关系以及汉语言与中国历史、民俗、哲学、社会等文化的关联，等等。可以说，汉语之于人类语言研究、语言教育，提供了一种独特的语种，极大地丰富了世界语言学研究的语料。正如 19 世纪的德国哲学语言学家洪堡特所言："汉语的语法结构是极为独特的，从所有语言的语法差异来看，汉语可以说自成一类，而不是某一具体语言的亚种。"①

也正是由于以上原因，英语作为二语进行教学的理论、教学法已成体系，比较成熟。而汉语作为二语进行教学的历史很短，几乎没有自创理论，现有的各种理论完全建立在英语教学理论的基础上。虽说有借鉴有改造，也取得了诸多成绩，但完全适合汉语教学的方式方法还需要花大力气进行探索研究。

---

① ［德］威廉·冯·洪堡特：《洪堡特语言哲学文集》，姚小平译，商务印书馆 2011 年版，第 119 页。

二 国际与汉语、教育的辩证关系

（一）国际之于汉语：走进中国之门，理解中华文化之路

在 20 世纪下半叶之前，国际舞台鲜有中国的身影和声音，在亚洲之外的其他几大洲的人们，只有为数不多的人知道在世界的东方有一个古老的民族。只是大体知道这个民族很神秘，历史上曾经很辉煌。对于研究者而言，要么认为中国的语言和文字都很有特色，语音的声调具有音乐感，有表示语义的功能，文字大部分不能直接读出却能猜测它的意义，书写与绘画近似；要么认为想掌握声调是一件极其困难的事，中国语言是世界上最难学习的语言，也是人类语言中最为落后的一种语言。无论是赞美还是贬斥，都是没有真正认知汉语，没有汉语的整体观念，误解源自不了解。

20 世纪之末，这个神秘的东方国度突然向全世界敞开了紧闭的大门，并在 21 世纪非常迅速地登上了世界舞台，以多姿多彩的形式展示着自己的魅力，以洪亮有力的声音融入人类历史的新纪元。这个时期是世界全面了解中国的大好时机，而汉语学习是开启中国之门的金钥匙。

在快速发展的信息化社会，中国以更加急速的变化参与世界的挑战与合作。神秘与神奇促使国际社会急切地想要了解中国，与中国互动起来。学习汉语、掌握一点儿中国文化成为一些人的梦想，并且迅速形成一个庞大的群体，凝聚成一股热流。在这个群体中，要圆梦了解古老中国者有之，要寻求本国经济增长的新动力者有之，要不但揭开东方之龙的神秘面纱还要探寻她如何迅速融入世界文化的玄机者有之，更有一批梦想成为新汉学家的学习者。他们从不同国度来到中国，看着、听着、说着、体验着汉语，从观念上体悟着中华文化的博大精深。

学好汉语，成为走进中国之门，理解中华文化之路的起始点。

（二）国际之于教育：促进人类的发展，推动教育模式的研究

进入 21 世纪，人类社会也迈入了全球一体化的时代，教育模式也随之进入了多元化时代。如今，几乎所有国家的政府已经意识到教育的重要性。因为正如经合组织教育部门主管施莱歇尔所言："今天的教育决定国家经济的明天，经济的增长需要依靠人才，好成绩是通往经济强国的阶梯。"[1]

21 世纪也是信息化互联网时代。信息化互联网的普遍运用，使国家、

---

① 转引自温莎《东亚学生成国际"学霸"?》，《青年参考》2013 年 12 月 11 日 A20 社会版。

地区间教育模式的相互借鉴变得更加快捷容易，地理上的距离已经不是问题，更不是障碍。学生走出国门去到目的语国家游学更加便捷频繁，彼此更容易沟通理解。在这一国际大背景下，国际组织为了寻找提高教育质量的有效方法，促进人类的发展也在努力地工作着。如总部位于巴黎的经济合作与发展组织（OECD），从 2000 年开始，每隔三年都会组织"国际学生评估项目（PISA）"测试，从排名较高的国家中总结出值得借鉴的教育方法。2013年 12 月 3 日，经合组织公布了 2012 年的测试结果。在 65 个国家和地区学生（有超过 50 万名 15—16 岁之间的学生参与其中，接受了两个小时的测试）参加的数学、阅读和科学能力测试中，中国上海学生在三门学科中均得分最高。排在前六名的均是亚洲国家或地区。[①] 这一结果，在中国方面，从参与 PISA 项目中学到了先进的评价理念、方法和评价技术，学到了如何获得有益于教育发展水平并进行评价的数据，学到了如何从获得的数据中进行解读，意识到师生关系与学习结果的关联，学生与学校的认同度与学习结果的关系等;[②] 在其他国家，如美国、英国、澳大利亚，发现了中国等国家的教育成效，认识到自己国家的教育水平正在下滑的现实。国家之间就有效教育模式进行着良好互动。这些是国际汉语教育改进教学模式、提升教学效果的良好契机。

由此可见，全球语境下的教育不再是某一个国家或某一地区的事情，国际汉语教育专业所培养的人才也不再只是为了来华留学生教学的需要。因为教育关乎整个人类的发展，所以国家之间的教育方法完全可以放在国际社会搭建的平台上互相借鉴，取长补短，更好地制定出符合学习规律的教育模式，致力于教育上的共同进步。

三 教育与汉语、国际的辩证关系

（一）教育之于汉语：提供保障，呈现专业价值

教育一词最早出现于《孟子·尽心上》。原文是：

> 君子有三乐，而王天下不与存焉。父母俱存，兄弟无故，一乐也。

---

① 温莎：《东亚学生成国际"学霸"?》，《青年参考》2013 年 12 月 11 日 A20 社会版。

② 沪教委巡视员尹后庆：《PISA 让上海学到国际先进评价理念方法》，来源：东方网，2013年 12 月 5 日。

仰不愧于天，俯不怍于人，二乐也。得天下英才而教育之，三乐也。①

孟子的"三乐"之一就是"得天下英才大贤"，"以教而养育之"②，即教书育人。目前，中国有史可考的文字是殷商甲骨文字，"教"字也亦出现，其形是或。字由爻、子、攴三个字符组成。或写作 形，省略子字，但表示爻的符号和手握教棒的符号一定会有。造字者以字形结构明确会意出：儿童在老师的教育下学习占卜知识和占卜技能。《说文解字》释"教"为"上所施，下所效也"，对"育"的解释则是"养子使作善也……《虞书》曰'教育子'"。③自殷商、西周到春秋末年，"学在官府"的教育科目分为礼、乐、射、御、书、数，重视的是贵族子弟的技能教育。由相关的字形结构和文献记载可以得知，中国早期的教育是知识传授与技能训练并重的，教书和育人是同步进行的。中华文化之所以得以代代传承，正是秉承了"通达民情，化育人心"的教育理念。

传承中华文化的一项最重要的工具就是汉字、汉语言。汉语言历经数千年的发展，其教学历来是教育中的重要一项，其中不乏可供我们今天学习借鉴的宝藏。教育为汉语学习提供了保障，汉语教学作为教育的一部分，不再是师徒传递技能式的纯粹经验模仿，而是语言学理论、教育学理论和教育心理学理论指导下的汉语教学理论的建设和传授技巧的探讨，呈现出专业价值。

现代教育为汉语教学的不断改进提供了丰富的基础养料，赋予了汉语本体不断拓展的空间。

（二）教育之于国际：适应全球一体化，促进中国学科的发展

现代语言教育绝对离不开国际学术间的互动。如果没有国际学术研究成果的新信息，没有新式教学理念和方式方法的借鉴，汉语教育就会落入窠臼，就会与世界需求脱节，就会成为井底之蛙，所进行的研究也只能是闭门造车、孤芳自赏；如果没有国际视野下的学科建构教育理念，汉语言文化知识也难以广泛传播，其理论研究就会与实践脱节，即使在教学实践中发现了问题也难以作深度研究，难以使汉语快速成为人类语言研究领域中的重要

① 李学勤主编：《十三经注疏·孟子注疏》，北京大学出版社 1999 年版，第 361 页。
② 同上。
③ 许慎：《说文解字》，中华书局 1983 年版，第 310 页。

对象。

汉语国际教育是指面向海外母语非汉语者的汉语教学，从事汉语教学的教师需符合高层次综合型人才所具有的素养，故其专业的课程设置应该在遵循现代人文教育与公民教育的理念下，以汉语国际教学和教师职业的国际性特点要求一致为出发点。汉语国际教育专业又是一个跨学科特点突出的专业。当汉语作为二语进行教授时，教师扎实的汉语理论知识是从事教学的最基础的必要条件；广博的人文知识是一名合格教师回应学生的好奇心、想象力和批判性思维下提出质疑问题的必备要素。无论是来华留学生，还是在本土学习汉语言的学生，其中一定会有期望通过学习汉语言进而观察、理解中国人认识世界和处理事情方式方法的人；也一定会有希望通过认知并感受中华文化与自己文化的异同，进而探究人类文明缘起的人，一定会有利用汉语词语和句式组合结构去探讨人类各种观念形成缘由者。因而，在许多情况下，教师的知识面要宽要杂。汉语教师借助扎实的语言理论知识将中华文化的各个方面传授给汉语学习者，如中国文化教学、中国哲学教学、中国汉语史教学（古代汉语、现代汉语）、中国政治制度教学等，同时运用现代教育理念和模式帮助学习者将知识要素转化为言语技能，以实现顺利阅读中国书籍或与中国人流畅而得体地交谈的目的。

现今世界，在各个领域呈现出多元化状态，教育教学也不例外。无论哪一种教学都已经不再把学习者视为简单的知识接受者了，而是在教学中以学生需要为中心，教师的教学内容与教学方式都是为实现学习者的学习目标进行有目的的导引，激发学习者的学习兴趣，训练其独立思考能力，尊重其创新性思维。如借助网络技术的 MOOC、翻转课堂等。

更新中国学术与教育传统，汉语国际教育是一个非常合适的项目。因为汉语言是一个共同民族的语言，是一种共有的文化，一种和世界其他民族语言用于交流的功能作用一模一样的语言。因此，只有改变传统的教育模式，应时代所需，才能培育出适应全球一体化的汉语言人才，促进中国学科的健康发展。

四 汉语国际教育辩证关系下的专业教育

（一）汉语国际教育辩证关系下的专业教育目标

汉语国际教育专业的教育目标主要是培养具有熟练的汉语作为第二语言教学技能和良好的文化传播能力、跨文化交际能力，适应汉语国际推广工作，胜任多种教学任务的高层次、应用型、复合型、国际化专门人才。① 要实现这一目标，首先要理顺汉语、国际、教育三者的辩证关系；其次要理解"大学之道，在明明德，在亲民，在止于至善"② 的精神内涵。如今的现代汉语赋予了汉语国际教育独特的面貌，汉语特点决定了汉语国际教育的形式和特色。因而，汉语国际教育必须符合一般教育规律和语言教学规律，根据汉语言的内涵和特点来设计所需课程。只有塑造既具备现代中国的人文素养，又具有全球学术视阈的教师，才能实现汉语国际教育的终极目标。

（二）汉语国际教育辩证关系下的专业教育原则

教育目标必须通过课程设置、教师教学、教育实践等环节实现。在通达目标的实施中必须遵循以下原则：第一，夯实学生的语言学理论与汉语言学理论基础；第二，训练学生从事汉语作为第二语言教学的教学技能；第三，拓展学生的历史文化知识、培养学生的文化自省能力、熏陶学生的艺术欣赏气质；第四，培养学生具有全球化意识和跨文化交际能力；第五，训练学生自觉研究、不断自主学习的能力。

为了达到培养目标，在上述五原则指导下进行课程设置。语言理论方面的课程应该涵盖普通语言学和汉语言学。如普通语言学的主要理论、各种学术观点的异同、二语教学理论的发展以及新理论、新观点的译介；汉语言学的传统学术（训诂、文字、音韵）与现代汉语理论等。这些课程能给学生以较为全面的语言学专业训练。在训练学生的第二语言教学技能课程上，首先训练学生的思维模式：从语言学教学思维转化到语言教学思维，使学生清醒地意识到二者的本质区别；其次训练学生扭转"唯分数"的固有评价观念，跳出传统教育观念的樊篱，建构新的教学与学习理念。

汉语国际教育专业的学生是准备面向海外母语非汉语者进行汉语教学的人才，所以必须具有开阔的视野，广博的知识素养。因为海外母语非汉语学习者需要的是使用汉语言进行顺畅得体的交际技能，而不仅仅是汉语言各要素知识性的呆板记忆。因为学习者习得的知识比学得的知识记忆时间更长久，感悟更深刻。学生在学习期间，应该有教育学、心理学、历史学、人类学、文化学、民俗学、政治哲学、交际学等方面的知识学习；应该有较多的

---

① 中国学位与研究生教育信息网·硕士专业学位：《汉语国际教育硕士专业学位设置方案》，2012 年 10 月 15 日。

② 李学勤主编：《十三经注疏·礼记正义》（下），北京大学出版社 1999 年版，第 1592 页。

国际社会实践和课堂教学实践的机会，加大体验中学习的比重。在给学生加强一门外语如英语学习的前提下，尽可能帮助学生再学习一到两门语言，因为学生将来不一定只是前往英语国家或只是面对母语是英语的学习者。唯有此，学生将来才能完成各种层次的教学任务，才能在全球化竞争中扮演积极参与者的角色，实现以较高的知识素养和跨文化交际技能传播中华文化的最终目标。

因此，汉语国际教育专业的培养模式需要与国际教育理念一致，以一种跨学科宽口径知识教育所需求的项目设置课程，与全球一体化的国际社会需求相一致。

五　结语

随着全球汉语热的持续，在语言学研究领域，尤其在汉语国际教育的实施中，势必会有在以往的语言学研究中尚未涉及的汉语言现象被关注，也或许有通过汉语言结构、汉语构词形式、汉语语音组合的描写、研究对进一步解释的人类语言有了令人惊讶的发现。总之，汉语言的一些独特现象已经引起世界语言学家们的关注，也势必越来越受到关注。

综上所述，汉语国际教育专业的培养模式要正确认识和处理汉语言学理论知识、国际社会需求和国际教育理念三者之间的关系；课程设置应该以汉语、国际、教育三要素为核心设置多层次多品类的课程。唯有此，才能保证汉语国际教育专业培养的人才是高层次、应用型、复合型、国际化专门人才。以国际教育理念和国际社会需求设置课程才能确保人才的多方面需要，并且不断充实汉语言理论的国际化研究。

对外汉语教师的自我信念

王晓音[①]

【摘要】 对外汉语教师的自我信念是指其对于自我作为个体、作为外语或第二语言教师的个人看法，对外汉语教师如何认识自我，如何定位自己在教学中的位置，这对教学起着关键性的作用。对外汉语教师应当具备尊重自我、敞开自我、独立思考的意识，并明确自身在教学中作为中介者、导师的身份。目前，对外汉语教师中存在着自我信念不够清晰的现象，本文试图从认识自己、明确身份两个角度进行廓清。

【关键词】 对外汉语教师；自我；信念；中介者；导师

"'信念'一词，并不是指教师的信仰或理想，而是泛指他所信以为真的东西，他内心深处对特定事物的个人看法。这种看法或信念形成于早期生活，而且一经形成则难以改变。信念与人们认为自己知道的事情有关，但信念对新想法和新知识的吸收有一种情感过滤作用，会对其重新定义或令其变形；信念一般难以测量，故一般从人们的所为而不是所言去推知他们的信念。"[②] 教师的信念比教师的知识更能影响其教学行为，怎样理解自我、学生、教学、学习，将深深影响其职业状态与成果，对外汉语教师作为外语或第二语言教师，不仅具有这一共性，并且具有自身的特殊性。

---

① 王晓音（1972— ），女，博士，陕西师范大学国际汉学院讲师。主要研究方向为文艺学、跨文化交际、汉语国际教育。

② Marion Williams，*Robert L. Burden，Psychology for Language Teachers：a Social Constructivist Approach*，外语教学与研究出版社、人民教育出版社、剑桥大学出版社 2006 年版，第 25 页。

一　认识自己

（一）如何看待自己

人本主义教育观重视教师如何看待作为"人"的自己，以及怎样把自己的人格带入师生关系之中。"How teachers' views of themselves as persons and what they believe to be the most appropriate form of social interaction with their learners can influence the learning process."（教师如何看待作为"人"的自己以及他们对于自己与学习者之间最适当的互动形式的信念会影响学习过程。）"For the humanistic teacher, teaching is essentially a personal expression of the self."（对于持人本主义观点的教师来说，教学本质上是个人对自我的表达。）"The language teacher needs to convey a sense of self – confidence in using language whilst at the same time respecting learners' attempts to express themselves and their views in the language."（语言教师在语言使用中需要传达出一种自信感，同时尊重学习者用这种语言自我表达以及表达其看法的尝试。）①

1. 尊重自我

"自尊既是一种心理，也是一种观念。从社会个体来说，自尊侧重的是一种心理表征，是一种自我认识、自我评价的心理，表现为承认和重视自我在社会中的价值，喜欢和热爱自我的情绪及接受自我的意向。自尊的获取是以尊重他人为基础的，当前以人为本思想赋予了教师自尊新的更深的内涵，教师与周围事物之间的关系得到了重新的定位。教师对自尊的理解是自己要获得自尊，先要尊重他人，对待学生也一样。教师要尊重学生，承认学生是教学过程中的主体，学生是具有独立人格价值的人，在人格上完全平等，即师生之间只有价值的平等，而没有高低、强弱之分。"② 人本主义的教育理念尊重学生的个人情感和个人需要，强调具有真实个人意义的学习，主张包括认知和情感在内的全人教育（whole – person education）。教师在教学中，首先要尊重自我，才能做到尊重学生的需求与情感。这个"自我"不仅指"作为教师的自我"，也指"作为人的自我"。学生对教师个人情感结构的感

---

① Marion Williams, Robert L. Burden, *Psychology for Language Teachers: a Social Constructivist Approach*，外语教学与研究出版社、人民教育出版社、剑桥大学出版社 2006 年版，第 62—63 页。

② 周曙、张清玲、朱方长：《论教师的传统自尊观对当代教师意识的影响》，《当代教育论坛》2005 年第 8 期上半月刊。

知远远大于教师所传授的知识对他们产生的影响。因此，教师如何看待自己，学生很容易就能够感受到。一个缺乏自尊的教师，是不可能帮助别人建立起自尊的。一个难以接受自己的教师，也难以对自己的学生宽容相待。教师要对自己有客观的认识，肯定自我、接受自我、尊重自我，以一种自信的姿态站在讲台上，对于自己的教师身份有充分的自尊感，对于自己的教学有着高度的自信。学生对教师这种自尊自信的感知能够引导他们对教师产生尊重之情，并建立起自己在老师和同学面前的尊严。

由于教学对象是外国人，因此对外汉语教师很容易在教学管理方面出现过分迁就的倾向，对学生的要求也会偏低，这种做法实际上降低了教师的自尊。对外汉语教师在教学中自我精神缺失，带来的后果是严重的，特别是对教学效果会带来损害。笔者听一位兼职教师的初级写作课，写了如下评价与建议：（1）学生迟到，教师不必等；（2）学生写句子的环节用的时间较长（10：35结束）；（3）教师没有正常讲课的状态，始终在小声地（耳语似的）个别辅导学生；（4）教师注意检查学生写下来的句子，耗时较多。这位教师在课堂上的自尊自信感显然是较为薄弱的。首先，上课铃打过之后，用大约五分钟的时间来等候迟到的学生，在听课老师的提醒下才开始上课。据她自己解释，平时会一直等学生到齐才上课。教学常态应当是上课铃响过，教师就开始上课，迟到的学生应当为违反了纪律而感到抱歉，久之，将不再迟到或者会提前告知教师他即将迟到的原因，做到尊重教师、尊重自我。而这位教师由于缺乏对自我教师身份的尊重，因此学生也就没有尊重她，迟到十多分钟，还若无其事地说笑着推门而入、径自坐下，不仅没有抱歉的意思，对老师连一句问候都没有，这说明他们已经习惯了老师每次对他们无条件的等候，他们感觉到老师对于学生是否尊重她是无所谓的，所以就十分随意和轻慢。其次，课堂教学中，这位教师没有表现出正常的讲课状态，三分之二的教学环节都是对学生分别进行低语式指导，不像是上课而更像是个别辅导。学生感受不到教师对教学内容的整体把握、教学环节的展开以及对课堂的掌控，因此他们的学习状态也是完全随意的，没有被教师以及学习内容所吸引，整堂课的教学效果令人忧虑。

2. 敞开自我

"permissiveness"，意为"放任、许可"，在这里特指"permission to be oneself"，即个体敞开自我，带着兴趣与好奇心追寻人生的意义以及拥有独立见解、信念与价值的自由，成为具有独特性的个体。这种"放任"可以被看作是一种自我成长，在生活和工作中不断接受新元素，不断进步，促进自我更加完善。开放的心态是保持吸收新鲜观念、保持活力的根本条件。对外汉语教学常常被人们认为是一个"会说汉语就能教"的工作，"一种出于想当然的观念无所不在，这就是认为只要懂得某种语言，就能教某种语言"①。这种观念也不同程度地存在于对外汉语教师头脑中。一些教师认为汉语是我的母语，教外国人说汉语很容易，自己的汉语知识足够了。可以说，这种认识是对外汉语教学发展的一股潜在的阻力。

教育学研究始终强调，教师应当是一个"终身学习者"。对于对外汉语教师来说，需要终身学习的不仅有专业知识、教学方法等，还有如何成长为一个心理素质良好的个体，二者就像一个人的两条腿，不可偏废其一。专业方面的学习是不可停顿的，首要原因是教学对象不断变化，使同样的教学内容在重复教学中会出现各种不同的问题，教师必须通过进一步学习专业知识才能够解决。其次是语言研究在不断发展，新的理论、新的见解层出不穷，作为一线教师，应当了解语言本体理论研究的最新动态，不断更新、充实自身知识结构。不可认为自己的专业知识已经够用，故步自封或者一味地"吃老本"，而应以谦逊的心态客观评价自己的专业知识与能力，保持不断纳新的能力与容量。笔者在教学培训工作中，见过不少的青年教师，在课堂上板书时，出现拼音、笔顺等的错误，询问原因，都说是小时候学的就是这样。出现词汇、语法点解释等的错误，原因主要是最初的认知有偏差且备课时没有意识到其中的问题、没有查证核实，直接就上讲台了。可见专业知识的终身学习的确是非常必要的。语言教师自身的精神建设亦不可忽视。由于我们接受的教育并不完善，我们自身的人格、心理素质等都需要不断调整，使之逐渐趋向完善，因此当我们成为教师之后，自我完善意识必须十分鲜明，在与学生的接触中，主动且有意识地发现自身的不足，并且寻求弥补与修正的途径。笔者曾培训过为数不少的年轻教师，遇到过这一类的情况。有的教师自我表达、理解他人的能力较弱，与学生沟通困难。有一位教师虽然备课、上课都很认真，但是总是听不明白学生提出的问题、理解不了学生的想法，致使学生不愿上她的课；另外一位教师对于学生多次要求调整上课时间、请假，而且学习进步缓慢等情况非常不满，她不是想办法跟学生沟通交流、调整自己的教学方法，而是对学生进行训斥、责骂，导致师生关系崩溃，也伤害了学生。虽然这里举的例子是个案，但确实能够说明问题，对外汉语教师自身精神层面必须较为完善，不仅要具备较强的人际交往能力，还

---

① 吕必松：《对外汉语教学探索》，华语教学出版社 1987 年版，第 50 页。

要具备良好的跨文化交际意识与能力，否则从事这一职业会很艰难，也很痛苦。

3. 独立思考

在教学实践中，同样的教材、同样的学生、同样的教法，不同的老师就会教出不同的效果，这就是"教学效果差异"，这一现象在对外汉语教学中是非常明显的。教学差异的根源是教师，而不是其他任何教学因素。因此，要胜任教学工作，教师就应当具备独立思考的能力。"每个教师面对的都是不可替代、不可重复的教育情境，需要教师依托自身的专业知识和技能，独立地、创造性地解决教育问题。对于教师来说，虽然可以学习、借鉴教育理论和其他教师成功的教育经验来改进自己的教育工作，但这些只能建立在自身独立思考，独立判断的基础上。"① 就外显层面来看，传统的教师工作具有独立性、封闭性，自己备课、讲课，课堂活动与学生一起完成，并不会有其他人介入。然而，语言教学，特别是对外汉语教学领域，并不是这样。大部分教学单位强调集体备课，教师之间说课、评课，课堂教学方式也有各种创新与尝试，比如设置主讲老师与操练老师，二人共同进行一堂课的教学，等等。而且近年来各种教学机构主办教学培训、讲座，名师观摩课等活动日益频繁。由此可见，对外汉语教学在外显层面上更多地出现了教师之间的合作、协作，教学资源等的共享，各路的教学活动似乎正在被纳入一个规范化的大型轨道。在这样的大趋势下，教师是否还需要独立思考？我们的回答是肯定的，因为独立思考与合作、共享等概念并不冲突。独立思考属于教师的隐性活动，但是其结果表现在教师的一切外在活动当中。独立思考主要针对以下几个方面：

（1）教学理论

教学理论（theories of teaching）就是教师的教学原则与信条，这是教学的核心。教学理论事实上有两种：一种是外部的共享理论（general teaching theories），也就是我们着力学习、力图使之成为我们教学实践指路明灯的那些多种多样的理论；另一种是内隐理论（teachers' implicit theories），是我们建立在自身经验基础之上的对教学的理解，以及创造出来的具有实用效果的教学原则和方法等。"Teaching is a highly personal and individual activity. Teacher development involves teachers in creating an approach that draws on their

---

① 翟莉、王守恒：《专业化背景下教师自尊文化的寻根与重建》，《现代大学教育》2009 年第5 期。

experience and under*stan*ding as well as their personal principles and beliefs about good teaching." ① 语言教学界历来重视外部教学理论的研究及应用，而忽略了内隐理论的研究与发展，教师自己也是如此"厚彼薄此"，缺乏向内观照的意识，亦即缺乏独立思考的精神。内隐理论对教师的教学实践起着更关键的作用，"The explanations given by teachers for what they do are typically not derived from what they were taught in teacher education programs... Rather, the classroom actions of teachers are guided by internal frames of reference which are deeply rooted in personal experiences, especially in – school ones, and are based on interpretations." ② 可以说，教师需要独立思考的是，如何将外部理论内化于自身知识结构，并以经验为基础，形成具有自我特性与适用性的内隐理论。

（2）教学实践

对于教学实践的独立思考主要是指教师以批判性反思（critical reflection）的方式观照自己的教学实践活动的各个层面，从而不断充实、更新自己的教学理论和实践能力。"As teachers develop in their skills, awareness, and knowledge, they move from a level of what has been termed technical rationality （Putorak 1993）, where the focus is on mastery of basic teaching techniques and skills（i. e., classroom competency）, to a level that has been called critical reflection, where teaching is guided by the teacher's personal theory and philosophy of teaching, and is cons*tan*tly renewed by critical reflection and self – assessment." ③ 教师对自己的教学实践活动有最直接的了解和认识：教学设计是否完善、教学方法是否得当，学生的接受情况如何，教学效果是否达到了预期目标；教学设计中的难易点预测是否与实际吻合；回顾本堂课的教学，成功之处、失败之处、意外之处分别是什么，等等，都需要仔细思考。其中要注意的是：首先不可回避失败之处。由于失败的教学环节或者一堂课会使教师产生挫败感，对自己的能力产生怀疑，失去自信等，心理上就会有不自觉的回避，不愿面对。这种心态会妨碍教学反思的批判性与独立性。其次是参照系的选择要正确。教学实践成功或失败，最重要的标准就是学生的收获。

---

① Jack C. Richards, *Beyond Training*，外语教学与研究出版社、人民教育出版社、剑桥大学出版社 2006 年版，第 2—3 页。

② 同上书，第 3 页。

③ 同上。

一堂汉语课上好了没有，不在于教师自己是否满意，不在于听课的同行是否认可，而在于学生是否掌握了学习内容并能够实际运用。

（3）自身素质

自身素质的独立思考，是指教师对于"作为人的自己"、"作为外语教师的自己"所应当具备的人格素养进行有意识的思考与反思。在这里，强调的是教师对此进行主动、独立思考的意识，"认识自我"的意识。首先要注意杜绝自满或者不以为然的态度，认为自己素质没有问题或者认为自己的素质与教学没有关系。对自身素质的独立思考从重视自我素质培养为出发点，一是通过有意识地学习相关知识，审视自身，找到不足，进而修正、提高，最终达到较高的水平；二是在具体的活动中，特别是与学生的交际活动中，发现自身素质的不足之处，着意改进。这里强调的"独立"，主要是指教师对自我素质的认识既要注意客观性，又要保持独特性。在强烈的自我提高的意识的支配下，客观面对自身不足，不回避、不漠视，也不自卑；客观认识自己的独特性，认可自我，不盲目与他人比较而迷失自我。思想、观念、认识等精神层面的独立性，是作为个体的人的最宝贵之处，而且实践也告诉我们，个性鲜明并能恰当表现出来的教师更容易被学生喜爱。

笔者在留学生中做了"你心目中理想的汉语老师"问卷调查，有效问卷64份，由美国、西班牙、韩国、越南、土耳其、哈萨克斯坦、泰国、吉尔吉斯斯坦、俄罗斯、德国、马来西亚等国家的留学生完成。其中有关教师自身素质的一些问题，学生选择的答案比较一致。如：78.1%的学生同意"老师应该是严格遵守公共道德的人，比如：遵守交通规则、不随地吐痰……"95.3%的学生同意"老师应该有高尚的个人品德，比如：诚实、善良、友好、爱家人……"76.6%的学生认为老师"备课很认真、准备很充分、认真布置和批改作业、考试严格"是对工作认真负责的表现，94.1%的学生希望老师关心学生的生活，93.8%的学生认为老师的"思想、生活态度、性格、工作态度、精神状态"会对他们产生不同程度的影响，97.3%的学生希望老师"乐意帮助学生、对学生无论表扬还是批评都态度真诚、尊重学生、说话温和客气、了解学生的性格和爱好等"。由此可见，对外汉语教师全面提高自身素质，是建立良好师生关系、做好教学工作的前提。

二　明确身份

（一）中介者

语言教师在学生习得语言的过程中，是作为"中介者"（midiator）存在的。中介作用理论（theory of mediation）是由以色列心理学家费厄斯坦（Reuven Feuerstein）提出的。

在第二语言习得理论中，中介语（interlanguage）理论认为学习者从母语出发，向目的语靠近的过程是一个动态的、过渡性的过程，开始错误很多，慢慢错误逐渐减少，离目的语系统越来越近。最近发展区理论（ZPD，即 Zone of Proximal Development）发展了中介语理论，认为学生在某个学习阶段遇到障碍时，经过教师的帮助可以越过障碍，到达一个新的学习阶段。ZPD 相当于学生中介语之后的下一个发展水平。中介作用理论则肯定了教师的作用可以促进学生达到下一个发展水平。在第二语言教学中，教师不仅是一个"信息传递者"，更应是个中介者。"第一，中介作用是赋予权力——帮助学生获得发展进步、学会学习、处理问题、适应各种文化情景和社会变化，以及应对各种挑战所需要的知识、技能和策略；中介作用关系到帮助学生学会独立自主和控制自己的学习；还关系到帮助他们学会独立思考和独立解决问题。第二，中介作用涉及中介者和学习者之间的互动和学生的积极参与。第三，强调相互作用，即学生对中介者意图的反馈作用。"[1] 中介理论在第二语言教学中的运用，即教师的中介作用，其实就是教师用恰当的语言实现各种功能，如引导、启发、反馈等，帮助学生达到高一级的语言水平，即最近发展区。费厄斯坦指出了 12 种中介特征：

· Significance （重要性）

The teacher needs to make learners aware of the significance of the learning task so that they can see the value of it to them personally, and in a broader cultural context.

· Purpose beyond the here and now （超越当前的目的）

In addition, learners must be aware of the way in which the learning experience will have wider relevance to them beyond the immediate time and place.

· Shared intension （让对方明白意图）

---

① Marion Williams, Robert L. Burden, *Psychology for Language Teachers: a Social Constructivist Approach*, 外语教学与研究出版社、人民教育出版社、剑桥大学出版社 2006 年版，第 28—29 页。

In presenting a task, the teacher must have a clear intention, which is understood and reciprocated by the learners.

· A sense of competence （胜任感）

The feeling that they are capable of coping successfully with any particular task with which they are faced.

· Control of own behaviour （对自己行为的控制）

The ability to control and regulate their own learning, thinking and action.

· Goal – setting （确立目标）

The ability to set realistic goals and to plan ways of achieving them.

· Challenge （挑战）

An internal need to respond to challenges, and to search for new challenges in life.

· Awareness of change （认识变化）

An understanding that human beings are constantly changing, and the ability to recognize and assess changes in themselves.

· A belief in positive outcomes （相信积极的结果）

A belief that even when faced with an apparently intractable problem, there is always the possibility of finding a solution.

· Sharing （共享）

Co – operation among learners, together with the recognition that some problems are better solved co – operatively.

· Individuality （个性）

A recognition of their own individuality and uniqueness.

· A sense of belonging （归属感）

A feeling of belonging to a community and a culture. ①

以上第 1 – 3 点可以适用于各种学习情境；第 4 – 9 点主要针对学生在学习方面的自我控制，第 10 – 12 点着眼于促进学生的社会化。如果对外汉语教师将自己的教学工作状况与此对照，可以检测自己在教学中是不是一个合格的"中介者"。

---

① Marion Williams, Robert L. Burden, *Psychology for Language Teachers: a Social Constructivist Approach*, 外语教学与研究出版社、人民教育出版社、剑桥大学出版社 2006 年版，第 69 页。

（二）导师

在第二语言教学中，如何做一个好的"中介者"？Adrian Underhill 将第二语言教师分为三类：Lecturer（讲师）、Teacher（教师）、Facilitator（导师），[①] 一个好的"中介者"应当是一个"导师"。这三者的区分如下表，这个表展示的实际上是三种类型的教师不同的教学指导思想。

	Knowledge of the topic（专业知识）	Methods and skills（教学方法和技巧）	Inner process（学习心理和过程）
Lecturer	熟悉		
Teacher	熟悉	熟悉	
Facilitator	熟悉	熟悉	熟悉

"讲师"认为，教师的作用就是通过讲解的方式传授知识。学生了解了专业知识就达到了学习目的。这种教学的课堂表现是：学生的参与程度低，教师并不顾及学生的不同学习风格，也不注意学生不同的学习需要、学习困难，对于教学效果也难以检查。在第二语言教学中，这种方式是最无效且最易引起学生厌烦的。令人遗憾的是，对外汉语教学中，这种类型的教师并不在少数。无论是新入行的教师（出身于本专业或非本专业）、本专业参加教学实习的本科生和研究生，还是一些从业时间较长的教师，都普遍存在着在课堂上"教师主讲，学生不讲"的现象。教师说话的时间占到课堂时间的70%甚至更多，学生没有机会操练，只能听老师讲，这恰恰与语言教学的原则相对立：学生在课堂上的开口时间应当占70%左右，教师说话时间应为30%甚至更少，教师的作用是引导学生操练语言，而不是自己喋喋不休。语言学习的目标是"会用"而不仅仅是"听懂"或者"知道"，学生听懂了老师讲的语法，知道了汉语的某些词汇，但是不会用，那么一切就等于零。

"教师"的情况略好一些，他们既熟悉专业知识又有不同的教学方法，因此能够组织较为有效地课堂教学。他们也能敏感地察觉课堂教学效果的好与差，但是难以找到教学效果差异的根源。当他们与学生配合良好时，教学效果比较好；当学生不配合时，他们往往找不到原因，也无法解决问题，不知如何把握学生的状况。这主要是因为他们不了解学生的学习心理与情感，

---

① Jane Arnold, *Affect in Language Learning*，外语教学与研究出版社、人民教育出版社、剑桥大学出版社 2006 年版，第 12 页。

教学与学生的契合程度难以达到令人满意的高度。这种类型的对外汉语教师比前一种好一些，然而，较好地掌握了专业知识、能够较为熟练地使用教学方法，应该能够上好课了吧？可是为什么教学效能感常常不稳定呢？学生的反响也时好时坏呢？其实原因就是对学生的学习特点、学习要求了解不够。

"导师"类型的教师是最理想的第二语言教师。他们不仅熟练掌握专业知识、教学方法和技巧，最重要的是，"their developing capacity to generate a psychological climate conducive to high quality learning"。这种 psychological climate 包括"the relationships in and between people in the group, the degree of security felt by individuals, the sensitivity of the trainer to undercurrents, the quality of listening and acceptance, the possibility for nonjudgmental interaction, the way the needs for self – esteem are met, and so on. It also includes the issue of power , that is who makes the decisions, how, and about what and who carries them out"[①]。这种和谐的心理氛围不仅帮助教师有效实施教学方法，并促进教师了解学生的学习心理和学习状态，从而有针对性地帮助学生。如何成为一个好的导师，有以下建议：

·The way you listen：集中注意力听学生说话；听他所说的以及话语背后的意思；不要带着先入为主的看法去听；倾听时不受外界干扰。

·The way you speak：提高说话质量；使用适当的音量、语气、语速；合理使用停顿、沉默；语言信息与非语言信息一致；对习惯性的说话方式略作调整。

·Your use of power and authority：谨慎决策；适当放权；赋予学生选择权、决策权；征询意见；鼓励学生回顾、反思。

·Your attention to the processes in the group：注意观察学生在课堂上的反映；向学生征询教学反馈；尊重、倾听、理解学生的情感；注意你自己的群体行为特点及其对学生的影响；适度参与到学生中去。

·Noticing your own attitudes and beliefs：明确你的教学信念；把握你的思想与行为之间的差距；注意你的态度对班级气氛的潜在影响；偶尔改变你的教学习惯。

·Redefining problems. Seeing things differently：换个角度看问题；以积极的态度面对难题。

---

① Jane Arnold, *Affect in Language Learning*，外语教学与研究出版社、人民教育出版社、剑桥大学出版社 2006 年版，第 130 页。

·Your own inner state：将精力投放在值得的事情上；放松身心、关注此刻。①

对外汉语教师必须清楚地认识自己、准确地摆放自己在教学中的位置，建立清晰的自我信念，才能够胜任工作。作为一门交叉学科，对外汉语教学有着独特而复杂的特征，教师正是通过实现自我信念，将这些特征具体地实践出来。

---

① Jane Arnold，*Affect in Language Learning*，外语教学与研究出版社、人民教育出版社、剑桥大学出版社 2006 年版，第 133—140 页。

汉语国际教育专业教学实践模式探析

——以陕西师范大学国际汉学院为例

刘国伟①

【摘要】 汉语国际教育是一个实践性很强的非师范类专业，如何利用当前有限的教学条件与资源，创设各种教学实践机会，培养汉语国际推广所需要的专业性人才，是本专业发展所必须思考的一个问题。本文结合陕西师范大学汉语国际教育专业的实际教学与培养情况，对本专业的教学实践模式进行了初步探讨。

【关键词】 汉语国际教育；教学；实践；模式

引　言

"汉语国际教育"是一个具有双重含义的概念，既可以指对外国人进行的汉语教学，也可指针对中国学生的以培养汉语师资为目的的"汉语国际教育专业"。后者以前者为基础，又为前者服务。本文的讨论范围仅限于后者，即汉语国际教育专业。按照 2012 年国家教育委员会高等教育司颁布的《普通高等学校本科专业目录和专业介绍》的学科门类划分标准，汉语国际教育专业（学科代码：050103）属于同汉语言文学、汉语言、中国少数民族语言文学并列的、二级类中国语言文学类之下的独立专业，由原"对外汉语（原代码：050103）"、"中国语言文化（原代码：050106W）"、"中国学（原代码：050108S）"三个专业整合而成，从 2013 年开始启用这一名称。文件中明确指出，汉语国际教育专业是"培养掌握扎实的汉语基础知识，具有较高的人文素养，对中国文学、中国文化、跨文化交际等方面的专

---

①　刘国伟（1980—　），男，陕西师范大学国际汉学院讲师。主要研究方向为汉语国际教育和汉语方言。

业知识与能力，能在国内外各类学校从事汉语教学，在各职能部门、外贸机构、新闻出版单位及企事业单位从事与语言文化传播交流相关工作的中国语言文学学科应用型专门人才"。从这个培养目标的定位可以看出，汉语国际教育专业主要培养的是中国语言文学的应用型和实践型人才。在人才培养模式的整体框架内，实习实践是培养学生实践能力和创新能力的关键环节。汉语国际教育专业建设应该在贯彻理论与实践相结合原则的前提下，强调实践第一。实践水平是评估汉语国际教育专业的一个重要标准，因而实践教学也成为汉语国际教育专业建设的一个重要标准。而现今在我国的大部分高校，由于汉语国际教育专业教学对象的特殊之处，专业的教学实践却面临很多问题。一般的教学类专业多以本国学生为教学对象，而汉语国际教育专业的教学实践需要的实践对象绝大多数是外国留学生，教学实践方式多以传统的课堂教学为主。而目前各学校尤其是中西部大多数高校的留学生人数远远不能满足日益增加的汉语国际教育专业实践教学的需求，以致很多汉语国际教育专业的学生直到毕业也没有真正的教学实践机会，影响到其进一步的发展；另外，多数留学生本专业学生大量的课堂教学实践有一定的抵触情绪，他们一般不愿意让一个零经验的实习者来进行教学，学校很难给本专业学生安排充足的课堂实践教学。因此出现了这样的怪现象：随着中国经济的持续发展，国外汉语热持续升温，国外汉语教师缺口不断增大，而国内大量汉语国际教育专业毕业生却找不到工作。究其根本原因在于国内毕业生实际教学能力不足，因此以汉语教学为主的教学实践已经成为汉语国际教育专业建设的一个亟待解决的问题。本文拟结合我校汉语国际教育专业的实际情况，对本专业的教学实践模式进行初步的探讨。

一　汉语国际教育专业教学实践现状分析

汉语国际教育专业是为满足市场需求应运而生的。高校的教育强调基本知识与技能的传授，忽视了实践性对学生未来生涯中的巨大作用，有些虽然考虑到了实践的重要性，但限于教学资源分配的不均衡及部分专业性质特点，并不能提供良好实践平台。以陕西师范大学为例，汉语国际教育专业大一大二归属文科基础部管理，大三大四划归国际汉学院管理。大一大二的专业基础课与汉语言文学专业相比并无区别，丝毫没有体现专业特色，以致大多数学生在两年的学习之后对本专业的性质仍不了解，没有明确的学习目标，对专业充满诸多疑惑。大多数学生直到第七个学期方才与其他师范类专业学生一起进行为期两个月的教学实习。形式主要以分散式实习和集中实习为主。分散实习的单位不一，主要以中学为主，也有少数外资企业、外事机构。在现阶段，我国的留学生主要集中在高校，大多数中学并没有留学生，因此本专业学生的实习方向主要与汉语言文学教育专业学生相同。由于本专业是非师范类专业，本科期间不能进行教师资格证的申请，再兼专业的跨学科性和交叉性，大多数中学并不愿意接收本专业的实习生而倾向于选择汉语言文学教育专业的学生。至于去公司实习的，大多与本专业不对口。集中实习的单位主要是本校的国际汉学院与西安的其他高校。由于留学生规模的限制和对实习生不同程度的抵制，本专业的大多学生在实习期也只能讲授4—8节课。对于培训一个合格的汉语教师来说，这有限的几节课完全是杯水车薪，作用有限，达不到应有的训练程度。

　　整体来看，汉语国际教育专业的实习方向较为狭窄，实习实践模式较为单一，没有一个较为完善的实践体系，造成了培养上理论与实践的脱节。对以培养实践型专门人才的汉语国际教育专业来说，这也是限制专业发展的一个瓶颈。这个问题解决不好，本专业的培养目标便无法实现，也无法为社会输送合格的人才，因此构建一个行之有效的实习实践模式，是汉语国际教育专业的当务之急。陕西师范大学作为全国较有影响力的师范类院校，在师范类学生的培养上有一套成熟有效的教学实践模式。我们认为，汉语国际教育专业虽然属于非师范类专业，但其培养目标却是汉语教学师资，与师范类专业并无二致，教学实践对其的重要性甚至要超过一般的师范类专业。基于此，其教学实践模式完全可以借鉴比较成熟的师范类专业，同时结合本专业的特点，探索一条新的教学实践模式。

二　汉语国际教育专业教学实践模式探析

　　汉语教学是以培养留学生汉语交际能力为目的、以培养语言技能为核心、以传授汉语理论和文化知识为重要内容的语言教学。作为为此培养师资的汉语国际教育专业，需要着重培养学生具备课堂教学的基本素质和基本技能，要求达到师范生水准。这一能力目标要求汉语国际教育专业的各个培养环节必须紧紧围绕实践性展开，具体来说可采取以下途径。

（一）课堂教学实践模式

1. 课堂理论教学与实践相结合

　　强调专业的实践性并不是忽视专业基础理论的学习，二者并不冲突。基础理论课的教授完全可以结合实践性来进行。教师在教授基础知识的过程中，可结合自己汉语教学的经验，结合理论引导学生对汉语教学的问题进行分析。这样做，一方面可以提升学生学习兴趣，加深学生对本专业的理解。由于学生将来教授的内容是汉语和中国文化。对从小生活在汉语环境中的中国学生来说，很多语法现象是习而不察的，而这些习而不察的现象，却可能是留学生学习的难点。比如"快要……了"和"就要……了"两个结构，初看起来二者似无区别，一般中国人也是不会用错的。但"下个星期我快要回国了"这个句子一般中国人凭语感来判断又觉得有点别扭，要改成"下个星期我就要回国了"。为什么会觉得别扭，为什么要用"就要……了"这一结构，这些我们从未思考过的问题却正是外国学生学习的问题所在。在《现代汉语》课上，如果按照传统的讲解，仅对"就要"、"快要"两个词的词性和句法功能进行分析，那只是知识性的教授，不是学习的最终目的。如果结合教学案例进行讲解，既可以加深学生兴趣，同时又对本专业有了进一步的了解。

另一方面，穿插教学案例进行讲解分析，也可以提高学生分析解决教学问题的能力。汉语教学中所遇到的问题大多是比较琐碎的，很多问题并没有现成答案，或者现有的资料太专业，留学生不易理解。因此对外汉语教师就需要个人对这些问题进行分析总结，用浅显易懂的方法教给学生。比如"把"字句是汉语的一种特殊句型，一般的《现代汉语》教材只是对其结构特点进行了简要的分析。对中国人来说，这已足够。但对留学生来说这远远不足。对于已经掌握"把"字句结构规则的留学生来说，在使用中却也经常造出"我把那个房子买不起"、"我把学校来了"等句子。这两个句子为什么错？这就涉及"把"字句的语用规则，一般的《现代汉语》教材中并未详细解释，而已有的资料一般也都是大部头的著作，不适于对留学生教授。这就需要教师自己去分析总结，在留学生一定的语言水平上给学生一步步讲清楚。而在《现代汉语》上，教师完全可以训练学生解决这类问题的能力。在教材基础上，引导对"把"字句的语用功能进行逐步的分析，既训练了学生分析解决问题的能力，也是间接的教学方法的训练。

2. 教学观摩

对于刚入校的没有接触过汉语教学的汉语国际教育专业学生来说，汉语国际教育完全是一个陌生的概念，对于选择这一专业的初衷并不十分明确，因此学习目标也不可能明确，再加上一些非专业的错误认识，甚至会产生迷惘彷徨的情绪，对专业与自己产生怀疑。造成这一现象的根本原因在于学生对本专业的不了解。基于此，在专业学习之初可让学生进行适当形式的教学观摩。教学观摩主要以两种方式进行，一是示范课程教学录像观摩，二是真实的留学生课堂听课观摩。通过这两种方式，让学生直观感受汉语教学的真实环境，加深对专业性质的理解，明确将来的学习目标。教学观摩也并不是一次性的，可结合专业理论课贯穿专业学习的始终，以促进学生对理论知识的理解，掌握基本的汉语课堂教学方法，熟悉汉语教学的基本流程和技巧。

3. 模拟课堂

仅仅通过教学观摩，有时并不足以使学生真正体会到本专业的细微之处，尤其是教学方法的具体使用。这时可通过模拟课堂来进行。但与一般模拟课堂所不同的是，由于汉语国际教育专业教学对象的特殊性，作为模拟学生的一方一般很难模拟出真实的留学生课堂，也很难提出有效的问题来，此时便需要教师的参与。一方面，教师可以凭自己的经验提出更加真实的留学生可能会遇到的问题；另一方面，也可指出学生讲课过程中的优缺点，进行有针对性的指导，提高模拟课堂的真实性和有效性。

（二）课外教学实践模式

1. 结伴互助

利用学校的留学生资源，创建留学生与本专业学生的"语伴"语言实践模式。语伴之间的语言学习和运用是一种互动的过程，双方可共同进步，达到共同提高的结果。同时，语伴之间的互动也能形成一种语境，在语境中学习语言的速度更快。通过这一模式，汉语国际教育专业的学生既可以体会汉语教学的过程，又可以进行中外文化交流与对比，加深对本专业的认识，同时在无形中培养学生的汉语教学意识，而留学生一方也可得到有效正确的指导，提高自己的汉语水平。

2. 参与学生社团实践

国际汉学院的"五洲汉韵"国际文化交流协会是一个专门从事中外文化交流的学生社团，也为汉语国际教育专业的学生进行教学实践搭建了一个平台。社团经常会举办一些中外文化或语言方面的交流活动，尤其是定期举办的"汉语角"更是成为众多留学生喜爱的一项活动，每次都有不少留学生参与。汉语国际教育专业的学生完全可将这些活动作为课堂活动来进行，对留学生的各种问题进行面对面的指导，了解留学生的实际状况，锻炼自己的外语能力和跨文化交际能力，真切了解外国学生的思想情趣、思维方式及其中外文化异同，促使专业理论和专业知识迁移，转化为实际教学能力。

3. 社会文化体验实践

教师与留学生一道参加各种文化体验活动，体会汉语教学中多元文化的处理方法，让学生有意识的接触文化教学。如我校的国际文化节就提供了一个各国文化相互交流互动的平台。汉语国际教育专业的学生通过与各国学生共同设计布置展台，选择展示内容，一方面加深了对异国文化的了解，另一方面也锻炼了自己的跨文化交际能力。再如，国际汉学院下午的中国书法、太极拳、中国民歌等选修课，也可组织汉语国际教育专业的学生参加，锻炼自己实际的文化教学能力，加深对中国文化的认识，更有利于汉语教学。

4. 社会调查实践

教师围绕相关课程内容拟定调查题目，学生自己选择后实际调查并形成调查报告。如结合《汉语教学通论》课程，可在校内对留学生进行汉语学习目的、学习策略、学习方法等的调查；结合跨文化交际课程，对留学生进行跨文化冲突、中西文化差异等方面的调查研究。课后实践活动的参与，能让学生从课堂内走出来，到社会实践中更深刻地去理解专业属性。

（三）专业见习实习模式

专业的见习实习一般放在第七学期进行，为期两个月。为加强实习实践工作的组织性，学院借鉴师范生实习的方式，成立了实习领导小组，具体指导实习工作，制定了切实可行的实习计划和实习方案，统一实习内容和具体要求，明确指导教师职责、实习生行为标准和实习成绩考评办法等，形成一系列规范的管理制度，为实习有组织有计划地实施，为提高实习质量提供了充分的制度保障，保证了实习工作能有序有效地进行和实施。

实习的第一个月为听课见习阶段，主要内容为实习生与指导教师见面，详细讨论教学实习内容，教材使用和实施计划，明确见习实习的内容和方式，同时安排实习生与留学生见面，熟悉班级情况，以利于实习活动的顺利实施。之后实习生在指导教师的指导下结合自身情况进行针对性的听课见习，做好详细记录，并不时与教师讨论听课过程中的问题。在此阶段教师也可给实习生制定一些教学辅助任务，如课后辅导，批改作业，以进一步了解留学生汉语学习的问题所在，缩短实习生与留学生间的距离，增进二者的亲切感和了解度，为下一步的课堂教学打好基础。实习生每次听课后，还要根据指导教师意见写出实习日志，及时总结教师课堂教学的优缺点，以待不断改进。在第一个月的最后一周，实习生与指导教师相互协商，根据教学进度，确定实习讲课内容，学生在教师指导下进行详细备课，撰写教案。教案的撰写一定要详细，每一步的具体内容、所用方法、课堂中要用的例子，甚至教师的课堂用语都要写下来。根据我们的经验，对初上讲台的实习生来说，备课越是详细，其教学效果往往越好。教案撰写好以后还需在教师指导下进行反复修改，以进一步完善和充实教案。之后在同学间或给教师进行初步试讲，试讲合格，一切准备完善后便在教师的指导下进行实地课堂教学。在实习过程中教师还需不断进行指导，及时发现问题给予反馈。整个实习完成后，实习生总结自我在实习过程中的经验，明白还需要在哪些方面不断进步和补充。

除了以上几种模式之外，为适应汉语国际教育"走出去"的战略，汉语教学实践在立足充分利用国内资源的同时，还应该积极拓展国外资源，使汉语国际教育真正走向国际舞台。具体可采取与国外院校合作建立海外实习基地、参加本校与海外学校的校际交流项目、参加国家汉办组织的出国志愿者项目、建立网络教学平台等方式，进一步拓展学生的实践空间，加深实践力度，掌握实际的教学能力。

三　结语

通过以上几种方式的教学实践途径，在充分利用与整合现有教学资源的基础上，结合专业特点与专业培养目标，我们探索了一条课内与课外实践、个体与有组织的实践、正式与非正式实践、模拟与真实教学实践相结合的路子，使学生从入校开始便能明确自己学习目标与专业特点，在四年求学期间能不断进行各种教学实践活动，既锻炼了自己的教学能力，又能加深对理论的体悟，有利于教学师资型人才的培养，符合当今汉语国际推广形势下对汉语国际教师的要求，为成为一名合格优秀的汉语国际教育教师打下坚实的基础。

论在韩国际汉语教师跨文化适应问题

田志华①

【摘要】韩国处于中华文化圈中，韩中两国文化看似相似度很大，但在韩国工作生活的汉语教师却依然面对由跨文化交际所带来的不适应问题，笔者通过个人体验和相关调查展示了在韩国际汉语教师遇到的种种文化不适应现象，并通过高语境和低语境理论分析其产生的原因，采取适当的策略提高汉语教师的文化适应能力。

【关键词】韩国汉语教育；国际汉语教师；跨文化适应

众所周知，韩国和中国在文化上一脉相承，地理上又互相为邻，两国同属汉字文化圈，自古以来韩国就有着汉语教学的优良传统，仅仅在20世纪近百年时间里，由于历史原因，韩国的汉语教育传统才濒临断绝。可喜的是，自中韩1992年建立外交关系以来，韩国的汉语教育日益升温，汉语在第二外语中已经成为最受欢迎的语种，汉语学习的热潮涌动在韩国的各个角落。韩国四年制大学的近四分之三，约130所大学开设有和中国关联的学科专业，有多达24000名学生就读于这些学科②。学习汉语学生数量的增加同时带动了汉语教育师资队伍的扩大，韩国拥有19所孔子学院，在亚洲国家中排名第一③，通过孔子学院孔子课堂以及两国高校间校际交流等项目和渠道，每年都有为数不少的汉语教师赴韩国本地进行汉语国际教育，他们的身影出现在韩国的大中小学校园中甚至是遍及韩国各地的汉语补习学校中。对

---

① 田志华（1980—　），女，辽宁抚顺人，文学硕士，陕西师范大学国际汉学院讲师。研究方向：汉语国际教育、社会语言学。
② www. hanban. edu. cn 国家汉办网。
③ 同上。

于在韩国教学的汉语教师来说，与他们在中国本土进行教学时不同的是，在韩国工作的国际汉语教师除了要面对教学研究等工作，还要应对由于中韩两国的文化差异而带来的文化适应问题。

跨文化适应是指来自不同文化背景的社会成员在进入陌生的文化环境后对新文化的适应。美国人类学家 1936 年在《文化适应研究备忘录》中首次系统地提出了跨文化适应的定义、研究课题以及研究方法。Oberg 在 Lysgaard 提出的"U 型曲线假说"基础上于 1960 年把跨文化适应描述为包括"蜜月期、危机期、恢复期和适应期"四个阶段的过程。在韩国的国际汉语教师来到异域他乡，绝大多数都会经历一种心理上的迷惑和失落，这种现象被称为文化休克，其原因是来自于遭遇到不同于以往习惯的做派、感知、价值观等等因素对个体心理感受的冲击。①

韩国和中国文化都属于儒家文化圈，彼此的价值观有很多相近之处，因此大多数人都认为相对于中西文化差异来讲，中韩之间的跨文化交流理应是较为顺畅的，但实际情况却并非如此。2006—2007 年，笔者赴位于韩国首尔的陕西师范大学韩国分院汉语言文学系执教一年，承担汉语口语、听力、阅读等课程的教学工作，同时也参与了学院的教学科研等活动。在近一年的教学实践和调查研究中，笔者发现，在国际汉语教师的这个群体中，在韩国出现文化上不能适应的现象比较普遍，据多项实证调查数据显示（《在韩汉语教师志愿者跨文化适应影响因素的实证分析》、《对外汉语教师海外工作跨文化适应研究》）②，在饮食日常交往等比对项目中，在韩国的汉语教师的跨文化障碍均排在前列，大大出乎预料。在海外的生活交流适应这个调查单项中，韩国被列为语言适应最差的地区，有近三分之一的教师觉得在生活中最大的障碍来自语言，这相对于欧洲和美国，比例明显较高。在韩汉语教师的语言适应障碍排在所有其他国中的第一位，语言交际的不方便被认为是他们生活中的最难以逾越的障碍，另外在韩国的教师普遍对当地的饮食状况适应度较低，另外在经济压力、生活琐事方面，在韩汉语教师也不同程度地感受到了困难和压力。

影响个体跨文化适应能力的因素有很多，每个人的心理特点、交际能力、对目的国情况的知识准备、对跨文化交际的期望等因素都会从不同的角度影响着跨文化适应的能力。根据个人的体验分析，在韩汉语教师所遇到的

---

① 潘一禾：《超越文化差异：跨文化交流的案例与探讨》，浙江大学出版社 2011 年版。
② 贾玉新：《跨文化交际学》，上海外语教育出版社 1997 年版。

文化适应问题出现的原因，笔者重点从以下两个方面来分析其原因和重要影响因素。

首先，在韩汉语教师对于中韩两国的文化差异所怀有的心理预期出现了落差。在赴任以前，人们往往只侧重于印象中韩国和中国文化上的"大同"，而忽略了语言沟通、饮食习惯、人际交往传统方面的"小异"。① 在韩国进行汉语教学的汉语教师中，80%以上没有韩国语学习的基础，很多教师在赴韩前没有任何韩语基础，沟通主要以英语为主。虽然同属汉字文化圈，韩国社会汉字的普及率大大不如日本社会，在日常出行和生活场景中，汉字出现的机会微乎其微，这和在日本随处可见包含汉字的指示牌相比差异很大，另外还有一部分蝙蝠词的存在，即发音相似或形式上相同的词汇在韩文和中文中意思却不尽相同，这些来自语言环境上的情况都给汉语教师的日常生活沟通增加了困难。在人际交往方面，由于初到异国他乡，很多汉语教师受到了本地居民热情的社会支持，由于中国文化强调滴水之恩涌泉相报，但身处异国没有能力给予他人等量回馈，再加上本身处于教师的尊者地位，接受了本地的人的帮助而无以为报心里难免会不安觉得亏欠，这加剧了汉语教师的心理负担。

其次，同为高语境下的韩中文化亦有着不可忽视的"小异"。高语境与低语境的概念是经常被用来对比文化异同的理论方法，最早由美国人类学家爱德华·霍尔（Edward Hall）提出，他认为韩国、中国等东方的"同质社会"多属于高语境文化（high context culture）传播社会，西方的"异质社会"多属于低语境文化（low context culture）传播社会②。韩国、中国的高语境文化社会有以下的特点：社会成员由于历史、传统、民俗风等高度的重叠性，绝大部分信息都已储存于既成的语境中，成为全体成员共享的资源，在人际交往上，更擅长借助共有的"语境"进行交流。美国语言学者卡普兰（Robert Kaplan）发现：韩国人的思维方式是螺旋式的，喜欢间接思维，回答问题不直接，更多论述不是什么，而非是什么。中国文化中常常讲究含蓄曲折的表达以及心有灵犀一点通的默契，韩国文化也是如此。韩国文化中同样讲究很多话在一些场合不便表达得过于直白，人际交往中内定的一些规则如前后辈之间的交往礼仪是大家心照不宣熟稔于心的。这些既定的规则使

① 孟柱亿：《韩中文化差异引起的交际障碍及解决方案》，《国际汉语》2012 年第 11 期。
② 吕俞辉、汝淑媛：《对外汉语教师海外工作跨文化适应研究》，《云南师范大学学报》（对外汉语教学与研究版）2012 年第 1 期。

在韩的汉语教师感到困惑但又不便直言相问，就此带来的困惑同样令人觉得无法适应。与此相对的，在美国等低语境文化的国家工作和生活，虽然面对与中国文化巨大的差异，但其成员由于缺少共同的历史文化背景，很难形成非语言的心灵感应，他们在交往中必须更多地借助直接的、清晰的符号编码信息。这令在美国教学的汉语教师感到轻松，即使有很多沟通上的差异也不会使疑惑困结于心。另外，韩国这样的高语境文化环境中，成员在表达感情和传递喜好趋向于采取含蓄间接隐晦的方式，并且内向害羞，不擅长自我表现。对于教学工作来说，这一点会带来不小的沟通障碍，很多学生在课堂表现不够积极，得到学生反馈的难度相应增加，教师很难判断教学的效果，同时教师对于提醒学生或适当的批评学生也不得不小心翼翼、分外谨慎，唯恐因文化习惯而对师生关系造成不良影响。低语境文化的成员喜好用坦率直自的方式进行沟通，并且外向，热衷自我表现，这在很多教师反应欧美学生课堂气氛活跃等例子上会得到很好的验证。

由此可见，韩中文化同属儒家文化圈，两国传统文化都尊崇孔孟思想，为人谦恭礼让，倾向于含蓄内敛的人际交往方式，多采用间接的言语表达方式，两种文化看似大同小异，但实际上却不能轻易忽略两国之间实际存在的不少差异。

关于教师跨文化适应的途径，我们可以遵循《21世纪外语教学标准》提出的"5C"标准，其中重要一条就是 Culture（文化理解体验能力）；《欧洲语言共同参考框架》更是把"跨文化知识、意识及技巧"作为"多元化交际的通行证"，从而把"培养跨文化知识、意识及技巧"提升到了更新、更重要的高度。可以看出，两个权威的语言教学指导纲领均明确把跨文化能力作为外语教育的培养目标。因此，在国际汉语教学视野下，具备跨文化能力，是国际汉语教师的一项必备素质。针对在韩国工作的国际汉语教师所遭遇到的诸多跨文化适应问题，到底如何才能尽可能消除文化休克所带来的负面影响，有效做到缩小误解，有效交流，从而促进汉语教学工作呢？

首先，语言是文化沟通最重要的工具，是文化的承载者，作为语言的教学者，汉语教师应加倍意识到"语言与文化一样，既是桥梁，又是囚笼；既是道路，又是障碍"。不应只执着于使用汉语沟通，应适当学习韩国语，在平时交往时试着使用韩语，给本地居民传达出汉语教师对韩国文化感兴趣的信号，从而感觉亲切，拉近彼此的心理距离。主动结交当地朋友，加强与当地人民的互动与沟通，获得更多的本地社会支持。可以在业余时间，参加韩语学习，在韩国各地旅游，参观博物馆，看韩国电视剧，与学生聚餐，从而了解韩国文化及风土民情，韩国人有介绍弘扬自己文化的热情，愿意帮助汉语教师了解韩国文化，为汉语教师提供社会支持，在这样相互的过程当中，相伴随的社会文化适应能力就会得到提高，因此社会文化适应状况会很明显得到改善，使自己的预期与现实相符，减少由此带来的适应困难。也只有对韩国语言文化有足够的了解，才会减少因误解和了解不充分所带来的对其高语境文化交往规则的盲目恐惧。

其次，应从自我导向方面入手，努力提高自身的生存能力，增强个人的社会属性，让自己有能力独立生活，增强自身的独立性，提高对孤独的忍耐力。在课余时间找到使自己心情愉悦的活动，维持在国内时的业余爱好。运动、读书或是与中国朋友聊天，或者在韩国文化中找到可以给自己带来愉快与放松的替代项目，如看看电影、享受异国美食等。由此建立对自身以及传播中国文化的自我认同以及文化自信。

最后，我们应理性地认识和看待文化冲击，要意识到跨文化适应中遭遇的文化冲击并不是病，而是一种深刻的学习体验。在海外工作的汉语教师往往会在频繁的跨文化交流中，比一般人感受到更多的激励和压力，有机会更清楚地看到自己文化的长处和弊病，更有自我的实现感和工作的成就感。尽管有时会在相关条件下引起沮丧不适应等不良反应，但若能克服困难、实现对新文化环境的适应，会因此获得更大的自我价值实现。在对待中华文化和韩国文化时保持理性的态度，明白中华文化是养育自己的根基，对于母文化去粗取精，发扬中华文化的优良传统；对于异国文化不可全面吸收也不可全盘否定，需要理性地对待和筛选优良因素。在韩国际汉语教师应珍惜跨文化交流的机会，这是一名优秀国际汉语教师所必须经历的成长过程。

美国加州大学伯克利分校汉语
教学情况调查

高红娜①

【摘要】加州大学伯克利分校是美国最早开设汉语课程的大学之一，本文就伯克利东亚语言文化系中文部汉语教学的现状，分析和介绍了该校在生源、课程设置、师资和教学模式等方面独具特色的情况，探讨值得国内汉语教学界借鉴的经验。

【关键词】汉语教学；生源；课程设置；教学模式

引　言

近年来，美国的汉语教学不断升温，开设汉语课程的美国大学也在逐年增多。据统计，美国已经有 640 所大学开始或已经提供专门的汉语教学，其中加州大学伯克利分校作为美国最早开设汉语课程的大学之一，在美国的汉语教学界起到了不可或缺的作用。加州大学伯克利分校始建于 1868 年，与拥有亚洲以外最大的华人社区的旧金山市隔湾相望。伯克利分校是加利福尼亚大学中的旗舰大学，为最古老的一所，它也是美国大学协会的创始会员之一。著名的语言学家赵元任先生从 20 世纪 40 年代起就在加州大学伯克利分校教授汉语，他亲自编写教材，研究汉语语言学，探讨语言教学法，培养了一大批汉语人才，也奠定了加州大学伯克利分校东亚系中文部的基础。迄今，该校东亚系中文部还专门留有一间会议室，被命名为赵元任办公室，以纪念赵老先生的功绩。

---

① 高红娜（1979—　），女，河北邢台人，陕西师范大学在读博士研究生，陕西师范大学国际汉学院讲师。主要研究方向为汉语国际教育。

一　院系简介与课程设置

伯克利东亚语言文化系分为中文、日文、韩文三个部。其中中文部的学习分为五个年级，每个年级的班数由选修该课的学生人数决定。过去很长的一段时间里，东亚语言文化系中一直是日文部的学生人数最多，但在2009年，中文部的学生超过了日文部，成为了最大的语言部，这也是近年来汉语热在该校的一个体现。

伯克利中文课程同其他课程一样，一学年分为春、秋两个学期。每学期开始学生都需要自己在网上选报注册课程。对自己该进入哪个年级没有把握的学生则要在开学前的"咨询期间"与语言教师见面，进行测试后确定自己要申报注册的年级。由于要选报中文的学生太多，中文部不得不限制选报的人数，以致每个学期都会有大量的学生落选，甚至有的学生一连选了几次才选上中文课程。目前每年学习汉语的学生在册人数有1000人左右。例如，2013年加州大学伯克利分校东亚语言文化系中文部注册学习中文的在校生共1010人，其中春季约460人，秋季550人。

选择学习中文的学生动机各不相同，背景也差别很大，这些都会影响到他们的中文学习，伯克利的中文课程设置就考虑到了他们的家庭文化背景。总的来说，这些学生可以分为两大类，一类是无华裔背景的学生，另一类是华裔背景的学生。而华裔背景的学生又分为三小类。第一小类是祖籍广东或中国香港，从小生活在粤语环境里的学生，他们大都有一点汉语读写基础，但是听说普通话的能力较弱；第二小类是祖籍大陆其他省份或中国台湾的学生，他们普通话听说能力尚可，但汉字书写认读能力较差；第三小类学生是虽有华裔背景，但自小家庭内外均脱离汉语环境，跟其他英语为母语的学生相似，汉语听说读写方面需要从零学起（所以此类学生在教学时划入非华裔班）。针对以上的学生情况，伯克利中文部便从一年级开始就分为非华裔班（班名为Chinese 1A，下同）与华裔班两大类，而在华裔班内部又分出粤语背景的华裔班（Chinese 1Y）和普通话背景的华裔班（Chinese 1X）两种，所以一共是三种不同的班级类型。粤语背景的华裔班和普通话背景的华裔班只在一、二年级分开上课，到了三年级就都合并了。而华裔背景学生与非华裔背景学生的区分从一年级一直到三年级都有，到了四年级才合并在一起，四、五年级是中文部的最高两个年级，人数没有初中级时那么多人，合起来也有利于资源的合理配置。

以2013年为例，加州大学伯克利分校东亚语言文化系中文部的各班级及教材列表如下：

年级	班级	教材	班级	教材
一年级	春季：6 个非华裔班（Chinese 1B）秋季：8 个非华裔班（Chinese 1A）	《中文听说读写》	秋季：7 个华裔班（Chinese 1X，1Y）	《中国啊，中国》
二年级	春季：3 个非华裔班（Chinese 10B）秋季：4 个非华裔班（Chinese 10A）	《中文听说读写》	春季：6 个华裔班（Chinese 10X，10Y）	《中国啊，中国》
三年级	春季：1 个非华裔班（Chinese 100B）秋季：1 个非华裔班（Chinese 100A），	《变化中的中国》和《文化纵横观》	粤语背景和普通话背景学生合班春季：3 个华裔班（Chinese 100XB）秋季：4 个华裔班（Chinese 100XA）	《中国啊，中国》
四年级	华裔学生和非华裔学生合班但华裔学生占多数，非华裔学生约占三分之一 秋季：3 个班（Chinese 102）春季：3 个班（Chinese 101）	《乐在沟通》，《思想与社会》，文学作品选		
五年级	春季、秋季各 1 个班，仍以华裔为主	涉及各领域的原始文章		

伯克利的课程设置与很多将听、说、读、写技能分开的课程安排不同，它只有一种课型——综合课，这种课把听、说、读、写四种技能的训练都融合在一起，在课上既有老师的详细讲解语言点，也有师生的互动做游戏，还有英译汉的翻译或写作等，也就是兼顾四种基本技能的训练。不过在考试时，听说读写的考察又分开了，比如有单独的口语考试，在最后综合大考中，也分为听力理解部分、阅读部分、语法部分、写作部分等几大板块。

除了正常的教学周之外，每年暑假，该校在每年夏季都会开设十个星期的语言强化班，每周五天，每天四个小时的汉语课，相当于一年的语言培训，并且可以获得相应的学分。除了上课时间，暑期班教材与上课内容与平时班完全一样。不过暑期班主要是针对初级班的学生，目前还没有中高年级的暑期班课程。

二　师资

伯克利中文部现有在职专职教师 13 人，他们大都毕业于像哈佛大学、普林斯顿大学、芝加哥大学、北京大学等美国或中国的名牌大学，13 人中 10 人拥有博士学位，3 人拥有硕士学位。他们的专业背景也大都是语言学、文学、教育学等相关专业。因为师资的短缺，中文部每个学期还会聘请 4—5 名助教来给学生上课，主要是由在伯克利就读硕士或博士的中国留学生来承担这个工作。除此之外，还有一些纠正学生发音、与学生练习口语的计时工作，也是聘请的中国留学生。

为了支持伯克利的汉语教学，中国国家汉办和中国台湾当局以前每年都会派遣一到两名教师赴伯克利教中文（该项计划于 2010 年合同到期后各方都未续签，因此之后中国大陆和中国台湾都不再派遣汉语教师）。这些教师主要是在大陆和中国台湾从事汉语教学的工作者，以语言教学专业背景的为主。他们的到来让伯克利汉语教师的紧缺状况在一定程度上得到了缓解，也让国内的汉语教学经验在美国得以吸取和发扬。

三　教学特点与模式

伯克利中文部在所有与教学有关的工作上都采取集思广益、集体合作的方式。首先教师按照所教授班级分为若干个教学小组，小组集体备课，统一授课内容，统一教学进度，统一出试卷。每学期的第一天，教师都要将本学期的一份时间表发给每位学生。时间表上详细标注了每次上课的时间、学习内容、作业（包括课上作业和课后作业）、考试时间，等等。教师会严格按照此时间表来安排教学进度，学生也会严格照此预习、复习、做作业以及准备考试。总的来说，伯克利的汉语教学有以下几个特点。

第一，注重夯实基础。伯克利的汉语教学素以严格著称，虽说上课时间每周只有 3—5 个小时，但是课下学生需要做功课的时间却远远超过上课时间。在最初学期拼音的阶段，为了打好语音基础，老师会给学生每周布置两次拼音录音作业。拼音作业的具体要求是给每位学生一页纸，上面有 100 个音节，要求学生熟练读下来并存在语言实验室的电脑上，每错一个音节（声韵调错一处即为错）扣 1 分，有专门的老师去听录音并给出分数，低于 90 分的学生需要重新再录一遍。这样一个学期下来，学生最初的洋腔洋调得到了很大的改善。与此同时，汉字也是齐头并进。从一年级开始，每次课都会有汉字作业，要求通常是每课的生词抄十遍，抄完放在老师办公室门口，老师要求逐字检查，纠正错字，下次上课前返还给学生。非华裔班的学生只要求掌握简体字，而华裔班的学生就要求掌握繁简两种字体。除了这些之外，为了督促学生及时复习，各班级每周都会有一次小考，每两周就会有一次大考，所有考试成绩都是要计入期末总成绩的，所以学生不得不认真对待每次考试。经过这些措施，学生无论在拼音、汉字还是语法方面，都为将来中高阶段的学习打下了坚实的基础。

第二，注重语言运用能力的培养。美国大学外语教学注重培养学生实际运用语言的能力，伯克利也不例外。在语言的任务和功能方面，第一学年要求学生能够参与基本的日常对话，具体体现在课堂教学中就是组织学生进行自我介绍、问路、打电话、点菜、看病、谈论天气等活动。到了第二学年开始要求学生能创造性地进行与课文话题相关的较长对话，教学计划的安排中就有合作表演 5 分钟左右的短剧（要求学生自己用汉语写剧本）、分组录制一段中文新闻采访、用中文竞选总统、中文辩论赛等活动。此后年级越高，语言表达能力和沟通能力的要求也就越高，这在每一年级的教学大纲和教学计划中都有体现。因为伯克利和中国许多高校都有合作交流项目，所以在课堂之外，学生们还有机会趁假期到中国去做短暂的留学来提高汉语水平，这也为学生们真正运用语言实现其交际功能提供了便利条件。

第三，注重文化教学。语言与文化是密不可分的，汉语教学也离不开它所承载的中国文化。与有些中文项目单纯注重汉语言知识不同，伯克利从一开始就把文化教学穿插在汉语教学当中。在课堂教学的过程中，课文里涉及中国文化的内容，教师都会作出相应的详细解释。除此之外，还设计了专门的文化活动来增进学生对中国文化的认识。例如，一年级的具体的方式是在讲到中国菜的课文之后举办一个中餐聚餐会，同一年级的所有学生聚在一起，每组学生带一个中国菜或小吃（老师也要带），然后请大家逐一用汉语介绍自己带来的食物，中途不懂的可以问老师，都讲完之后大家一起品尝所有的食物。二年级的教学计划中专门抽出两课时的时间安排学生赏析中国电影。在电影选取时，教师也非常注意选取关于中美文化碰撞的内容，例如，像李安的《婚宴》、《推手》等都深受学生的喜爱。其他年级也有演讲、介绍中国历史名人、猜灯谜等丰富的活动。这些活动不但能帮助学生了解中国、熟悉中国文化，而且也增加了他们进一步学习汉语的兴趣。

四 余论

每学期结束时，学生给中文部教师的匿名评价表上的分数都不低，说明伯克利的汉语教学得到了学生的认可，也是适合当地教学环境的。不过在笔者看来，还有两个地方需要改进或改善。一是教材。华裔班使用的《中国啊，中国》是在 20 世纪 80 年代出版的，里面有些内容都已过时，比如，有篇课文《中国人的衣食住行》讲到大陆的集资分房，中国人不习惯向银行借贷过日子等，这些早已不符合中国实际。因此教材的更新势在必行。二是师资。伯克利有自己独立的中文部，有专职的教师十几人，但还是远远满足不了1000多人的教学工作，而聘请的兼职教师专业背景各不相同，教学水平参差不齐，这就给该校的教学工作带来了一些负面影响。所以对兼职教师进行必要的岗前培训，发展一直长期的兼职队伍是很有必要的。目前实行的新老搭档、以老带新，也是伯克利正在探索的提高师资水平的一种方法。

随着汉语学习者越来越多，如何改进和提高汉语教学水平成了很多汉语教学机构的重中之重。伯克利大学的汉语教学虽非尽善尽美，但它在很多方面都有自己的特色，体现着伯克利东亚语言文化系几十年来所积累的经验总结，也体现了中文部全体教师的独具匠心，不少地方都值得国内的汉语教学工作者学习和借鉴。另一方面，也希望国外汉语教学界和国内汉语教学界能有更多的交流和沟通，互相取长补短，更好地促进汉语教育的国际推广。